日本
キリスト教史

韓国神学大学講義ノート

澤正彦著

金纓訳

草風館

まえがき

ここに紹介する日本キリスト教史は、筆者が過去四年間、韓国神学大学でアジアキリスト教史を講義したノートを中心に整理して書いたものである。韓国にはまだ本格的な日本のキリスト教史の紹介書がない。韓国の神学徒とキリスト者たちが自分の置かれている状況をよりよく理解し、韓国キリスト教史を幅広く展開するために、また韓国教会が持っている良い特性を伸ばし、あわせて欠点を反省するために、隣国日本の教会を参考にしてくれたら、と願っている。

この本は韓国の読者を念頭において書いたのであって、日本人読者を対象にした日本キリスト教史をそのまま翻訳したものではない。したがって韓国教会の関心を考慮し、日本キリスト教史に現れた諸事件の詳細な紹介より、日本のキリスト教史の大きな流れを主題別に紹介した。特に筆者が留意したのは、日本のキリスト教史をその背景、すなわち日本の文化、思想、政治と関連して把握しようとした点である。その意味で、教会のためのキリスト教史というより、日本の社会現実の中でのキリスト教の役割に重点を置こうと努めた。韓国人に日本のキリスト教の背景を理解してもらうため、「日本の思想」と「背景史」を最初に書いた。

この本の内容のほとんどが筆者の独創的研究の結果というより、日本のキリスト教史研究の成果を反翻して紹介したに過ぎない。しかし、「日本の教会の朝鮮伝道」の部分は筆者の独自な研究によるものである。その他は多少筆者なりの解釈を加えたものであるが、ほとんどが日本で長い間研究され論議されているものである。今後、韓国の教会が自らを豊かにするため、隣国日本のキリスト教史から学び、それを韓国教会のよき栄養素として吸収してくれることを望んでいる。同時に、韓国キリスト教史をより深く研究することによって、日本の教会に刺激を与えることを願っている。

日本のキリスト者は全人口の一パーセントに過ぎない少数で、苦戦を強いられている。特に戦後さまざまなイデオロギーが交差し、以前のようにキリスト教が単純に日本の文化、社会に貢献するのが不可能になった。その中で一九六七年に日本基督教団総会議長の名で発表された「第二次大戦下における日本基督教団の責任についての告白」は、日本のプロテスタント教会に決定的影響を与えたと言えよう。教会がもっている政治、国家に対する使命をもう一度確認して、再びそのような戦争を承認ないし黙認することがないように宣言したのである。一九六七年以後の日本の教会の混乱を歴史化するのはまだ時期尚早で、それまでの日本の教会の体質を改善し、新しい時代のキリスト教像を渇求している段階だと言えよう。

一九七七年　ソウルにて

澤　正彦

◎目　次◎

まえがき　澤　正彦

一　日本の思想―日本人論―……7

二　日本キリスト教の歴史的背景……17

（1）カトリック教会

（2）プロテスタント教会

三　日本のカトリック史……34

（1）草創期と発展の時期
（2）カトリック迫害と諸要因
（3）潜伏キリシタンと隠れキリシタン
（4）日本の伝統思想とキリスト教
四　初期プロテスタント史……………………………71
（1）初代の宣教師たち
（2）初期日本のキリスト者と教会の形成
（3）一八九〇年代の国家主義とキリスト教論争
五　キリスト教と社会主義運動…………………………90
（1）戦前のキリスト教社会主義
ロシア革命以前（一八九五～一九一七年）
ロシア革命以後（一九一七～四五年）
（2）赤岩栄牧師の共産党入党問題
（3）戦後平和運動のための社会主義者たちとの共同闘争

六　日本の教会の朝鮮伝道……105
七　戦争中のキリスト教……115
（1）日本基督教団の成立過程と戦争協力
（2）受難と抵抗の道
教団の主流に属した人々
ホーリネス
救世軍
無教会
灯台社
その他
八　日本の神学思想総論……135
（1）日本の神学思想の特徴

一般的特徴
日本の神学思想の時代区分
関西と関東の神学
日本の神学思想家および神学者
日本の神学形成の困難さ
（2）日本の代表的な神学の流れ
一八八〇年代後半に紹介された自由主義神学思想
一九三〇年代以後の弁証法神学
無教会主義
訳者あとがき　金　纓……………153

一　日本の思想—日本人論—

キリスト教の福音の種は、白紙のように何も書かれていない日本人の心に、純粋培養的に植えつけられたのではない。日本人の心には、日本という土壌および外来文化との接触の中で一、二千年の長い歳月を経て形成された日本的特徴があった。この項ではキリスト教を受容する主体である日本人の思想、すなわち「日本人論」を考えることにする。

日本では最近、たくさんの日本人論が論議されるようになった。それは、戦後なしとげた経済的安定の中で、日本人の心が豊かになるどころか、かえって精神的貧困や不安を感じているからである。さらに、消費文化と価値観の混乱の中で、もう一度戦後の日本人、さらには明治維新後の日本人を反省してみようという動きがある。

日本の思想とは何か？　日本人とはどのようなものなのか、に対する答えは大変困難である。しかしながら、断片的ではあるがここで日本人論を展開することによって、日本人は韓国人とどのように違った性格と思想を形成してきたのかを考えることにする。そして、その違いが両国のキリスト教の受容や展開においても、どのように違ってきたかを考えるのは、意義深いことであろう。

韓国人は日本人をどのように見ているのか。韓国の大学生たちは日本人の短所として「残忍」「島国根性」「経済的動物」「ずる賢い」「機会主義」「好色」などを、長所として「礼儀正しい」「親切」「あっさり」「根性」などをあげている。[1] ここには長所と短所がなんの関連性もなく、まったく反対の要素を持ったものがそのまま日本人の性格として列挙されている。「残忍と親切」「機会主義と根性」「ずるさと礼儀正しさ」などはそれぞれ相対立する用語だが、同じ日本人のイメージとして韓国人にはうつし出されている。

日本人論として有名な『菊と刀』の著者ルース・ベネディクト[2]は、まったく対立する「菊」と「刀」の性格がなんの矛盾もなく存在するのが日本人だと言っている。すなわち、菊がおだやか、審美的、礼儀、順応、臆病を象徴するというなら、刀は好戦的、軍国主義、傲慢、頑固、勇敢、保守的であることを表すという。そして、異なった性質の菊と刀がなんの矛盾もなく日本人の性格の中に、縦糸と横糸で織りなされていると書いた。[3]

このような二律背反する性格が統合されるのは、日本がおかれた風土的性格から来るのではないか、と和辻哲郎は『風土——人間的考察』[4]で述べている。日本の風土はモンスーン地帯に属する。モンスーンの特徴は暑さと湿気が合わさったもので、受容的、忍従的性格が基本にありながら、その時々によって戦闘的反抗が爆発する性格だという。不均衡な混合が日本人の性格だとすれば、これが思想的な面で日本人に与える影響として「思想的雑居性」「無限の包容性」「寛容性」など、思想的無節操があげられる。[5]

この無節操を宗教的にいうならば、一人の日本人が同時に仏教、神道、キリスト教と関わっても、決して不自然ではない状況なのである。一九七四年の統計によると、日本の宗教人口は一億六千万人で、全人口一億一千万人をはるかに超えている。日本人の宗教人口は、仏教が八千三百万、神道が六千七百万、キリスト教が百万、その他が一千万で、日本人は仏教と神道を区別せず信じていることがうかがえる。

実際に、一般の日本人は仏教と神道の区別も知らない人が多い。また仏教や神道側も、あえて互いの差異を強調することなく、時には教理や宗教儀式を変えたり、借りる場合もある。たとえば、一人の人がミッション・スクールに通い洗礼を受け、神式で結婚式を挙げ、仏式で葬儀をするとしても、だれも不思議に思わない民族である。(6)

このように絶対的神がなく、人間の側の都合によって宗教も左右される日本人の宗教を、イザヤ・ベンダサンは「日本教」と名づけた。日本教の中心は「神」であるより「人間」だと言う。日本人は元来無神論者で人間中心であり、人間が被造物ではなく神が被造物なのだ。(7) 日本教には人間を超越する神、終末的世界観、教義はない。神学の代わりに人間学があるのみだ。(8) このような意識的、無意識的な日本教はすべての思想と宗教に及んでおり、キリスト教までも日本教的キリスト教に変形してしまったという。

日本化してしまったキリスト教について、遠藤周作は歴史小説『沈黙』の中で、日本に長く滞在した外国宣教師の口を通して、次のように表現している。「……この国は沼地だ。……この国は考えていたより、もっと怖ろしい沼地だった。どんな苗もその沼地に植えられれば、根が腐りはじめる。葉が黄ばみ枯れていく。我々はこの沼地に基督教という苗を植えてしまった。……日本人がその時信仰したものは基督教の教える我々の神ではない。彼らの神々だった。それを私たちは長い長い間知らず、日本人が基督教徒になったと思いこんでいた。……基督教の神は日本人の心情の中で、いつか神としての実体を失っていった。……彼らが信じていたのは基督教の神ではない。日本人は今日まで神の概念はもたなかったし、これからももてないだろう。……日本人は人間とはまったく隔絶した神を考える能力を持っていない。日本人は人間を超えた存在を考える力も持っていない。……日本人は人間を美化したり、拡張したものを神と呼ぶ。人間とは同じ存在を持つものを神と呼ぶ。だがそれは教会の神ではない」[9]。

遠藤の指摘は日本人カトリックの神の概念に対する説明であるが、イザヤ・ベンダサンの日本のプロテスタントの批判とともに、興味ある指摘である。日本人の神《かみ》は人間の間の主従関係を表す「御上《おかみ》」のようなもので、自分よりいくぶんか上にある存在に過ぎない。この神を喜び、祭ることはあっても、神の命令を聴き、服従するという宗教的要素は全くない。日本人が神社、仏閣に参拝するのは、宗教行為というより、保養であり、行楽であり、そこでは祝福を一方的に要求し、それで満足する。日本人は自分に何かを要求する宗教を嫌い、人間の側から要求するだけで十分だと思っている。

神と人間は互いに越えられない存在ではなく、だれでも死んだら神になり、仏になるのである。このような神概念がどこから生まれたかは、いろいろな角度から検討されうるが、興味ある研究である。

再び和辻の『風土』から引用すると「日本は自然の恵みを受けたがために、砂漠の民のように厳しく絶対的な神に服従する必要はなかった。日本人は自然の神々に愛され、恩恵に包まれて生きている。だから人格神、歴史を導く神とは日本人にはかかわりがなく、日本人の神は人間の情緒を満足させる自然神である」[10]。

その他に、日本人の思想的雑居性、無節操、人間中心の宗教観が伴う日本的性格として、ルース・ベネディクトが欧米のキリスト教世界の文化と日本の文化を比較して列挙した「恥の文化 (shame culture)」と「罪の文化 (guilt culture)」は有名である。(11) 日本人は絶対的神と私との関係が明確でないがために、神の前での個人の責任、そして罪を犯した時の神と人間に対する罪意識が欠如している。日本人には人の目についたときの恥があるのみだ。共同体から村八分になることを一番恐れている。神の前でひとり、罪の問題で悩むことは日本人には稀である。

罪は神との関係で生じるし、恥は人間との関係で生じるものである。この文化的特徴から言えることは、日本人には罪意識によって形成される「個人 (person)」が欠如していて、常に「集団」として自己を表現するということである。これは神の前にひとり立つ自分を持っていないがためで、個性ある内面性が形成されていないためである。日本人があらかじめコースが決められた団体ツアーでしか旅行ができず、一人旅を恐れているのも、個人と集団の文化の差で証明することができよう。

罪と恥の文化でつけ加える日本人の特徴は、日本人は上から下まで無責任な体制におかれていることである。罪意識から生じる神と人間に対する責任倫理を、日本人は持っていない。その例として、日本は第二次世界大戦という赦されない過ちを日本の国民とアジアの国々の民に犯していながら、だれがその責任をとるかをはっきりしなかった。すべての人が被害者意識を持ち、上からの命令に服従しただけだと言う。命令の頂点は天皇だったが、天皇は現人神であるから人間のことに対しては責任を負わない体制だった。今になって戦争責任が日本で問題になるのは、曖昧な日本の無責任体制にその理由がある。

戦争中、社会主義者、実存主義者、キリスト者、自由主義者のごく一部を除くほとんどの日本人は、日本国家主義に便乗して生きていた。自分の信仰や思想を守って殉教する日本人は少なく、たやすく転向してしまうのである。戦犯裁判においても、あんなに簡単に転向する日本人に、外国人は驚きを禁じ得なかった。

戦時中、日本の文化および国家主義に対してもっとも抵抗したのは、共産主義者、社会主義者であって、キリスト者ではなかった。戦争に反対した非主流のキリスト者たちがいたことは事実だが、主流をなす各教派は日本の軍国主義に転向したと非難されても弁解の余地がない。このように、日本人は思想および信仰に対する節操が欠乏し、状況によって転向、背教する者が多いということは、神概念の不明確、罪意識の欠如、無責任体制から自ずと派生する日本人の特徴であると言えよう。

以上、日本人の思想および宗教に対して簡単に記した。次に、世界でその類型を見ることがない日本の天皇制に対して記述することにする。日本人の心に未整理の形態で残っている大きな問題が天皇制である。日本人はその戦争を天皇の名前で始めたし、天皇の肉声放送で終えた。日本人は愛国心、理想、イデオロギーのために闘ったのではなく、ただ天皇のために、天皇の命令で闘った。そのために、フィリピンのルソン島で敗戦後三〇年間隠れていた元日本兵は「天皇に銃を返納する」とか、「天皇の命令なら出ていく」と言って、世界を驚愕させた。天皇の名でアジア人を虐殺し、特攻隊にも入り、集団自決も辞さなかった。「天皇陛下万歳」が日本人兵士の最後の叫びだった。いや、最後の叫びでなければならなかった。

日本の天皇制は明治政府の中心におかれたものであり、天皇に対する人格的尊敬のようなものであったが、大正天皇が病弱だったため、その価値体系の頂点におくことが困難であると知り、日本の為政者たちは架空の天皇象を作って天皇を神格化していったのである。このような、天皇自身の人格や思考からかけ離れた天皇制は、昭和の天皇制にまで引き継がれた。日本の天皇制は内実がない時にかえって神格化するという逆説的な作用をしてきた。一九四六年一月、天皇は「人間宣言」をして現人神でない平凡な人間だと宣言したが、このようなことは世界近代史ではまったく稀有な事例であろう。日本人はいまだに現人神であったこの人間天皇への郷愁と思慕の情を捨て切れないでいる。(12) 日本人は戦後、連合国軍最高司令官であったマッカーサーが天皇(現人神)と並んで写真を撮ったことにショックを受けるくらいだった。戦争の最高責任者として天皇を死刑に処すかどうかという問題にぶつかった戦勝国アメリカは、天皇制をなくせば日本の価値体系がすべて破壊され大混乱が起きることを予想し、天皇を生かしておく代わりに天皇を利用することを考えた。新しい憲法制定においては、一切の政治権力を持たない象徴的天皇として規定した。

問題は日本人の心に未整理で残っていたものを、最近の日本の復古主義が再び巧妙に引き出し、天皇制ムードを助長し、紀元節、靖国神社法案復活、君が代制定など、かつての日本軍国主義の復活を推進している点である。キリスト者も含めて、日本人は天皇制に対して非常に弱い。天皇制は前述した「無神論の日本教」「思想の雑居性」「無節操性」などを極めて巧妙に利用して作り上げたもので、日本人はその殻からなかなか脱皮できないのである。

日本には天皇制を含む日本の土着思想との対応で、共同の運命を持つ二つの外来思想がある。ひとつはキリスト教で、もう一つはマルクス主義である。両者は正反対の立場をとっているにもかかわらず、日本の土着思想との関連において共通点を持っている。すなわちこの両者が日本の風土に妥協するときは自分の価値観が持っている精神的意味を喪失するし、自己貫徹と変革に固執するときは日本の雑居的寛容の伝統の中で不寛容だと非難を受ける。(13) キリスト教もマルクス主義も日本の土着思想に対しては共同の運命を負っているという、今日の韓国では考えられない事情が、日本にはある。

キリスト教に限っていうならば、日本人のキリスト教理解に自己批判と反省を加えながら、日本のキリスト教がどのくらいに日本伝来の無神性に挑戦して「文化革命者としてのキリスト(Christ, the Transformer of Culture)」(14) の役割を果たしていけるかは、まだ未知数である。

最後に、日本の近代史を支配した四つの思想を、キリスト教との関連化で図式化すると、一五ページの図のようになる。(15)

註

1 筆者が最近数年間、韓国の学生から聞いたものである。彼らの日本人論は偏見から出た感情的なものもあるが、それなりに韓国人から見た日本人のイメージとして、興味深いものである。

2 Ruth Benedict, The Chrysanthemum and the Sword—patterns of Japanese Culture, Boston, 1946 日本語訳は長谷川松治『菊と刀——日本文化の形』社会思想社、一九六七

3 ルース・ベネディクト、前掲書

4 和辻哲郎『風土——人間的考察』岩波書店、一九六〇

5 丸山真男『日本の思想』岩波新書、一九六一

6 イザヤ・ベンダサン『日本人とユダヤ人』角川書店、一九七一。その他同じ著者の『日本教に対して』文芸春秋、一九七二

7 イザヤ・ベンダサン、前掲『日本教に対して』

8 イザヤ・ベンダサン、前掲『日本人とユダヤ人』

9 遠藤周作『沈黙』新潮社、一九六六。韓国語の訳書もある。

10 和辻哲郎、前掲書

11 ルース・ベネディクト、前掲書。土居健郎『甘えの構造』弘文堂、一九七一

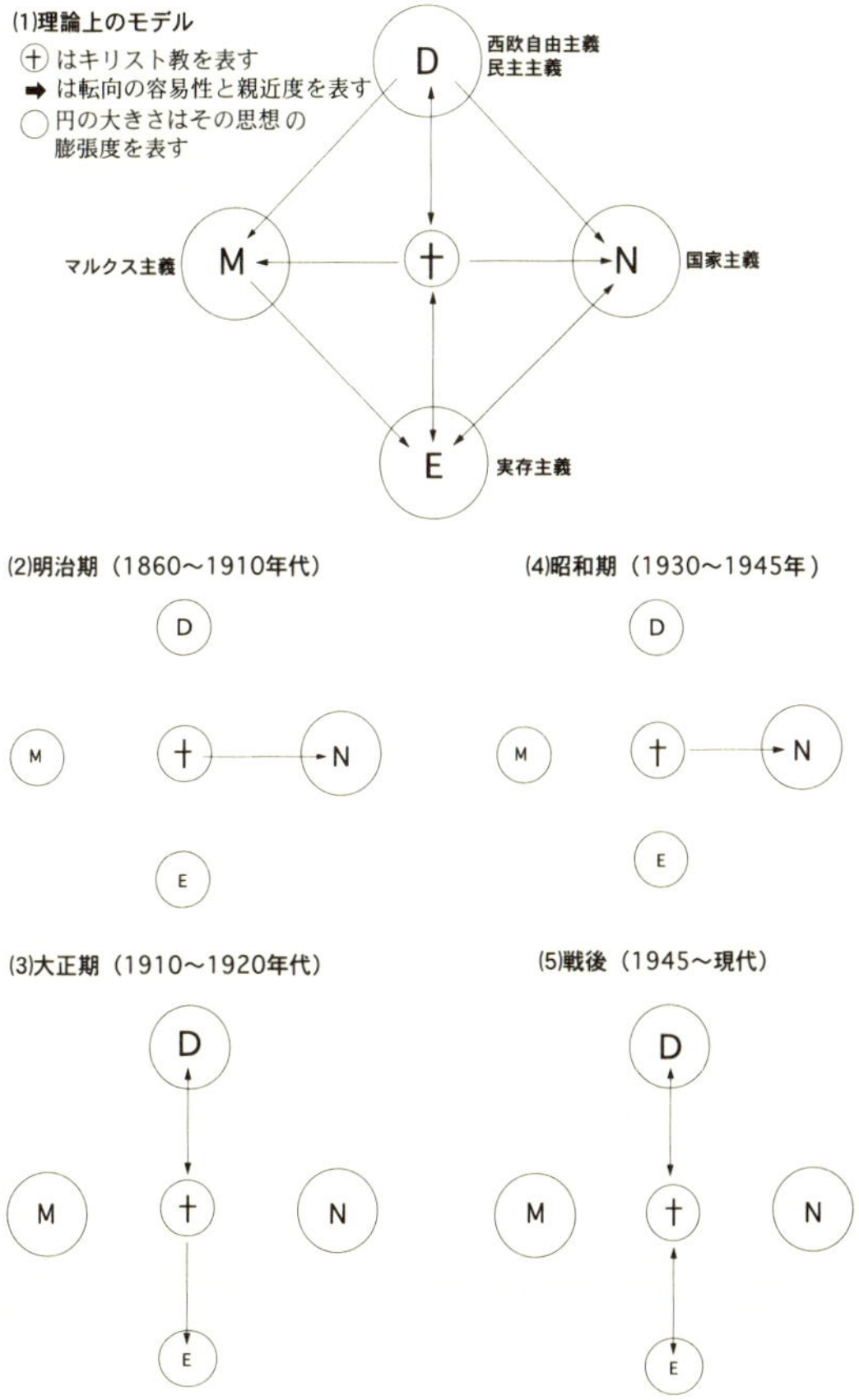

12 天皇に対する感情のさまざまな様子は児玉隆也『君は天皇を見たか』潮出版社、一九七五によく現れている。
13 丸山真男、前掲書
14 H. Richard Niebuhr,Christ and Culture, 1951の中の有名な言葉。
15 日本の近代思想に関しては、久野修、鶴見俊輔『現代日本の思想』岩波書店、一九五六。飯塚浩二『日本の精神風土』岩波書店、一九五二。その他日本の一般思想史に関しては、丸山真男『日本政治思想史研究』東大出版会、一九五二。和辻哲郎『日本倫理思想史』岩波書店、一九五二などを参照して作成。

二　日本キリスト教の歴史的背景

キリスト教の受容において、それを受け入れる個人の性格と思想が大きな影響を与えるのはもちろんであるが、同時にその個人がおかれている時代的状況も無視することはできない。キリスト教を受け入れた日本人が、当時の時代的影響を受けてさまざまな形でキリスト教に反応していたことを考えると、キリスト教が導入された時期の背景史を研究することは、導入されたキリスト教の性格を研究すること以上に重要だと言えよう。

キリスト教が最初に日本に紹介されたのはいつ頃なのか？　一般的に「日本教会史」「日本キリスト教史」は、一五四九年にフランシスコ・ザビエルが鹿児島に到着してイエズス会のカトリック伝道が始まった時期をその起点としている。一五〇〇年代を日本史では「戦国時代」と呼び、実力が第一の群雄割拠の時代と見なされ、伝統的封建制度が崩壊しはじめ、近世が芽生えはじめた時代だと見る。日本のカトリック教会史は一五四九年から始まり、活発な伝道の時代、迫害、沈滞の時期を経て、明治維新まで続いた。もちろんカトリック教会史は明治維新で終わるのではなく、今日まで続いているが、歴史としての興味と研究はほとんど隠れキリシタン、潜伏キリシタンが日本の門戸開放とともに復活した時期までをその対象としている。

この本の中でも他の一般的叙述のように、日本のカトリック教会史を一八六八年の明治維新前後まで記述することにする。それ以前のカトリック教会史と関連した日本の歴史は、室町時代（一三三三～一五七三年）後期、安土桃山時代（一五七三～一六〇三年）、江戸時代（一六〇三～一八六七年）など、三〇〇余年に及ぶ。

日本のプロテスタント教会史は、日米条約が結ばれた一八五八年の翌年から始まるのが定説になっており、カトリック教会史に続く形で叙述が展開する。プロテスタントと関連した日本史の時代は、江戸時代後期（一八五九～一八六七年）、明治時代（一八六八～一九一二年）、大正時代（一九一二～一九二六年）、昭和時代（一九二六～現在）の約一二〇年間である。

中国や韓国のキリスト教史の研究では、景教が問題になるために、キリスト教の導入の時期はカトリックが入った時よりはるか以前に遡って考えられる。日本のキリスト教史においても、仏教に影響を及ぼした景教に言及する人もいるが、定説にはなっていない[1]。

以下、日本のカトリック教会史の背景になる三〇〇余年の時代史とプロテスタントの背景になる近代日本の一二〇余年史の二つに分けて、キリスト教を叙述するのに必要な点を要約して書くことにする。

（1）カトリック教会

日本史の教科書には戦国の混乱が織田信長、豊臣秀吉によって統一された一六世紀の中ごろから江戸幕府が倒れた一九世紀の中ごろまでの約三〇〇年間を、近世あるいは封建時代後期と呼んでいる。それ以前の一二世紀中盤から一六世紀中盤までの鎌倉時代、南北朝時代、室町時代の約四〇〇年間を中世、あるいは封建時代前期と区別している。カトリックの伝来は、日本が中世から近世に移る転換期に始まったと言えよう。

　世界史の概念で、近世と呼ばれる時期は、政治的には国家統一、経済的には貨幣経済および商業資本の発達、社会的には商人および民衆の台頭、思想的には個人の自覚、合理的科学的思想などで特徴づけられる。日本という国にヨーロッパの近世論がそのまま適用されないのはいうまでもないが、近世のさまざまな特徴が日本特有の形で現れたのは事実である。和辻哲郎は彼の力作のひとつに数えられる『鎖国——日本の悲劇』(2)の中で、カトリックが伝来した一五、一六世紀の日本の情勢を三つの特徴をあげて説明している。第一は倭寇、第二は土一揆、三番目は新興武士団の台頭がそれである。便宜上、この三つの要素を敷衍しながら、キリスト教伝来当時の日本の状況を考えてみることにする。

　倭寇それ自体は、北九州および瀬戸内海沿岸を根拠地として一四世紀から一六世紀にわたって、朝鮮、中国沿岸を襲撃した海賊を一括してよぶ名前である。倭寇が原因で高麗が滅び、倭寇討伐に功績があった李成桂が李氏朝鮮を建国するほど、彼らの影響は大きかった。また中国の明は倭寇の取り締まりを日本に要求し、一四〇三年、日本と明の間には倭寇の私的な貿易に代わって、勘合符をもって公的勘合貿易を成立したほどだった。なぜ倭寇を近世の始まりと見なすかというと、海外進出、冒険のエネルギー、倭寇を生んだ民衆の台頭、新しい経済秩序の促進などの視点で彼らを扱おうとしたからである。倭寇は地方大名の保護下で、時には正規の貿易商になったり、時には略奪を本業とする海賊に急変したりした。結局倭寇と呼ばれる海外進出運動は海外貿易と連関してこの時代の重要な契機になった。貿易は日本の経済事情に顕著な変化をもたらした。貨幣経済が急激に発達し、利子をねらう資本の蓄積が始まり、都市が出現することは、すべて貿易と関連している(3)。

倭寇の海外進出を出発として活発な海外貿易が促進されたことが、ポルトガルの商人(4)を日本に呼び寄せる原因になったと言えよう。ポルトガルの商船は日本との貿易において中国のマカオを中継地として、日本からは刀、海産物などを輸入し、日本には中国の生糸、絹織物と、西欧の小銃、火薬、皮などをもたらした。ポルトガルとの貿易都市として九州の博多、府内、平戸、大坂の堺などが繁盛し、堺などでは戦乱に巻きこまれない自治組織まで持っていたという。

地方の大名は膨大な利益を得るうえ、軍備強化に役立つポルトガルとの貿易を競うように引き入れようとした。またポルトガルとの貿易のために、カトリック宣教を許すという、実利的な立場をとった。一六世紀のカトリック伝道は、このポルトガル貿易と表裏一体になって行われたことは無視できない。興味あることは、ザビエルを日本に呼び入れる契機を作ったヤジローと呼ばれる人は、鹿児島で貿易に関係していた富商の一人であって、殺人罪を犯し外国に逃げざるを得なかった、当時のやくざだったという(5)。ヤジローとザビエルとの出会いは偶然ではあるが、日本の海外進出の気運とポルトガルの東洋進出の野心を象徴した事件だと言える。

倭寇とともに民衆運動の始まりと考えられるものには、土一揆がある。これは農民が徳政を要求して酒屋、倉庫、寺院など、当時の金融業者を襲撃して、借金の棒引きと売買の取り消しを要求し、物を略奪したことをいう。土一揆が必ずしも支配階級打倒を標榜したのではないが、領主が金持ちおよび高利金貸しを保護する限り、経済的不平等に対する反抗運動からおのずと反領主、反守護運動に転換した。このような運動には農民だけでなく下級武士たちも加担して、大規模な一揆に発展する場合もあった。しばしば、一揆は民衆の中に入り、宗教的組織をもって執拗な抵抗を試みながら、守護を追放し自治組織を持って長い間統治したこともある。(6)

従来の支配体制が民衆の力によって変えられるということは、民衆の力が解放されると同時に武士と農民の階級的主従関係も崩壊し、力が第一になり、農民の子弟も支配者になる可能性が生じるということである。それまでの武士に代わって、新興武士団が生まれるようになるが、豊臣秀吉がその典型的な例である。家臣が力によって主君を倒し、農民や都市の住民が領主に反抗する社会体制を風刺して「下剋上」というが、新興武士は下剋上を通して領土を拡大し、ついには全国の統一を図ることもあった。室町時代の末期を戦国時代と呼ぶのは、このような新興武士が多く現れ、互いに争ったからである。名目上の支配体制として「天皇―将軍(足利)―諸大名」の三重構造があったが、実質的には将軍や天皇の即位および退位までも戦国大名が自由にできるほどであった。

とにかく戦国時代は従来の秩序の混乱期、伝統破壊の時代であったが、他の面では実力、利害打算、民衆が主導になった創造的時代とも言える。カトリックはこのような混乱と新しい時代の黎明期に日本に入り、その時代と運命を共にしたのであった。戦国時代は織田信長、豊臣秀吉の全国統一によって終わりを告げるが、信長、秀吉の時代には、下からの民衆運動はかえって抑圧された。徳川時代になって一六四一年に鎖国が完成し、後期封建体制が確立した。キリスト教は迫害され、宣教師は追放され、表面上に見える形態のカトリックは姿を消してしまった。

鎖国以後のカトリックの背景史をここで叙述する必要はないが、カトリックが二〇〇余年の潜伏時代を経て表面に現れたのは一八六五年のことである。当時日本はすでに開国して、一八五八年に結ばれた日仏修好通商条約第四条に「日本に住むフランス人が自国の宗教を自由に信じ、その居住する場所に宮社（教会）を建立することを妨げない」という条文にそって、長崎の大浦に教会堂が建てられた。(7) このうわさを聞いた潜伏キリシタンたちが神父を訪ねていくことによって、鎖国以来約二〇〇年以上隠れて信仰を守ってきた人々が発見された。

一八六八年に明治維新を断行した新しい政治も、潜伏キリシタンが多く現れたので再び迫害の手を延ばしたが、欧米の世論が「キリシタン弾圧」に敏感であることを知り、一八七三年ついにキリスト教禁制の高札を撤廃した。この高札の撤廃はキリスト教信仰を許したというより、キリスト教禁止を表面に掲げる以上、欧米諸国との不平等条約の改正が不可能であったためである。キリスト教禁止はすでに日本人周知のことであったので、高札だけを撤廃するというのが、その意図であった。一八八九年に制定された大日本帝国憲法で、初めて形式上の信教の自由が規定されたが、それまで明治政府は、キリスト教にあらゆる弾圧を加え、陰の存在にしてしまった。日本帝国出現後のカトリック史の歴史的背景は、次に述べるプロテスタント史のそれと重複するので、そこで述べる。

（2）プロテスタント教会

プロテスタントの背景史は、日本が二五〇年間の鎖国政策を終え、開化政策を踏みだした一八五〇年代（江戸時代末期）から明治、大正、昭和の一〇〇余年に及ぶ。一般に明治維新から日本の敗戦までを日本の近代と呼び、戦後を現代と呼んでいる。プロテスタントの背景史になった近代と現代に、日本は量的にも質的にも未曾有の変化を経験した。日本の近代および現代史に決定的影響を及ぼした大きな歴史的事件だけをあげても、次のようなものがある。

アメリカに対する門戸開放（一八五四年）、明治維新（一八六八年）、大日本帝国憲法発布（一八八九年）、日清戦争（一八九四〜九五年）、日露戦争（一九〇四〜〇五年）、日韓併合（一九一〇年）、満州事変（一九三一年）、日中戦争（一九三七年）、太平洋戦争（一九四一〜四五年）、敗戦（一九四五年）、天皇神格化否定と日本国憲法制定（一九四六年）などなどである。

日本の歴史を揺り動かした政治的諸事件は、直接的には日本のキリスト教に影響を与えなかったとしても、間接的な影響を及ぼした。なかでも明治維新、帝国憲法発布、日中戦争、敗戦などは、日本のキリスト教界に決定的影響を及ぼし、ある意味ではキリスト教史の時代区分の基準点になったといっても過言ではない。

もちろん、日本のキリスト教は表面上に現れた政治的事件だけでなく、その背後にある思想史の流れによってさらに深い影響を受けた。しかし、政治的事件が時代思想の結果であるなら、これらの政治的事件の背景を探ってみるのは、キリスト教史の理解に不可避なことであろう。

大きく分けて、明治維新から帝国憲法発布までの約二〇年間は、西欧化の波に乗って日本のプロテスタントが比較的自由で活発な発展を成しとげた期間である。この時期は、日本のキリスト教界の基礎を構築することになったので、日本プロテスタント史研究においても大変興味ある重要な時期となった。

一八八九年の帝国憲法発布以後は、明治政府が天皇を中心とした絶対専制国家体制を強固に築き上げた時期だったので、キリスト教はこの体制の中で明治初期の比較的順調な教会成長を続けることなく、苦渋を経験せざるを得なかった。巨視的な立場で見るならば、一八九〇年以後敗戦に至るまでのキリスト教は、天皇制という日本の土壌の中で強制的に変質をよぎなくされた。特にそれが顕著に現れたのは一九三一年に起きた満州事変以後のことである。

有形無形の変質要求が解かれたのは一九四六年に天皇が「人間宣言」をしてからである。それまでは信教の自由も天皇制の傘下においてのみ可能だった。後で記述する「戦争中のキリスト教」は天皇制を背負う軍国主義体制下において、変質を強要されたキリスト教の姿勢であり、またそのような強要に対する抵抗であった。「プロテスタント教会」の項では、日本のプロテスタントの原形が明治中期までのキリスト教に現れたことと考え、この時期を比較的詳細に記述することにする。以下、キリスト教に影響を及ぼした歴史的背景を、時代にそってさらに詳しく見ることにする。

一八五四年、日本は二五〇年間の鎖国政策に終止符を打ち、アメリカと和親条約を締結し、一八五八年にはハリスが来て日米修好通商条約を締結した。この条約には「日本にいるアメリカ人自らが自国の宗教を信じ、礼拝堂を居留地に建立することは可能だ」と規定されている。これと同時に、日本人にはキリスト教が従来通り禁止されているが、長崎での「踏み絵」は廃止することが通告された。

このようにして、日本の開国と同時に、日本でのキリスト教礼拝の道が初めて開かれた。一八五四年、日本開国のきっかけを作ったペリー提督(8)と、一八五八年の条約締結とともに初代駐日アメリカ公使になったハリスは、キリスト教伝播に相当な熱意を持っていた。少なくとも、アメリカの外交使節の居

住地域内では聖日を厳守し、日曜日には日本官吏との交渉も中止するほどだった。(9)

双方の国民がその物品を売買するのは差し支えないとの条約第三条によって、キリスト教書籍も自由に日本に搬入され、日本人の手に渡った。一八五九年には、プロテスタント宣教師六名が来日し、宣教が開始された。

幕府が開国を推進していた事実は、日本の尊王攘夷派を刺激した。攘夷論の根拠は表面上の大義名分よりも経済的理由が大きかった。物価騰貴、金流出などによる経済的混乱がより深刻になったためである。尊王攘夷派は外国船を砲撃する暴挙に出たが、かえって英、米、仏の威力を誇示する結果になり、尊王攘夷派の攻撃対象は混乱を収拾できない幕府に向けられた。薩長（鹿児島、山口）連合による討幕がなされた。ここに徳川幕府は二五〇余年の将軍政治を終え、政権を返還し、王政復古の天皇中心の政治体制に戻った。これが明治維新である。

明治政府の基本哲学を一言で表現すると「和魂洋才」だと言える。和魂洋才というのは魂は和で、才は洋であること、すなわち精神（魂）は日本伝統の天皇制または東洋道徳をもって営み、技術（才）は西洋に求めて近代化を推進するという、二重の矛盾した哲学の混合であった。明治政府の西洋人に対する関心は、西欧世界の基礎をなしている精神（キリスト教）にあるのではなく、その結果である西洋の政治制度や物質的繁栄にあった。このような哲学はキリスト教政策にも現れているが、明治政府は西欧化への過程を歩みはじめたとはいえ、西欧化の根源をなすキリスト教は邪教であり、従来通り禁止されている事実を、一八六八年の禁令で全国に確認させようとした。西欧キリスト教国の猛烈な抗議にもかかわらず、長崎近郊に現れた数千人の潜伏キリシタンを迫害、分離、強制移住させるなど、弾圧政策を敢行したが、明治政府としてはいかなる矛盾も感じなかったのである。

結局明治政府が西欧帝国と締結した治外法権、関税自主権に関する不平等条約を改正するため西欧帝国と交渉した時にキリスト教迫害が問題になり、仕方なく条約改正という外交的事情によってキリスト教を黙認するにいたったのである。[10]すなわち、一八七三年にそれまでのキリスト教禁制の高札は撤去することになるが、それはキリスト教禁制の事実が国民周知であるからであって、決してキリスト教を公認したのではなかった。それでも条約改正という政治外交的意図から、キリスト教は黙認された。特に表面上の西欧化を試み、文明開化を叫び、西欧帝国の関心を引こうとする、いわゆる鹿鳴館時代(一八八〇~八七年)[11]には、キリスト教の国教化まで論議されたほどであった。

キリスト教が法的根拠を持って公認されたのは、一八九〇年に発布された憲法にある信教の自由だった。しかし、その場合も天皇制絶対哲学の標本である教育勅語との関連によって、キリスト教は天皇制への追従を大前提としてのみ、その存在が許された。日本のプロテスタントは明治維新以来比較的順調に成長したにもかかわらず、[12]信教の自由を得た一八九〇年を境にして教勢は拡張されなかった。信教の自由が憲法に規定されても、それがキリスト教側に有利であるどころか、天皇絶対の憲法体制下では、キリスト教がかえって迫害され、冷遇される結果を生んだためである。

明治維新の理論的代表者であった福沢諭吉は、初期にはキリスト教を日本に合わないと言ったが、一八八四年には実利的功利主義の立場から、キリスト教を受け入れて西欧化を実現しようと主張した。[13]しかし、このような急激な西欧化や表面上の西欧化が必ずしも政府が意図した条約改正に結びつかないことを知った時、政府は一転して一八九〇年代を契機に、日本主義、国粋主義に戻った。条約改正が完成されたのは一九一一年のことであった。明治政府が基本的に保守的、反動的だったのは、明治憲法の精神を説明した伊藤博文のことばに良く表現されている。

「憲法政治は制度上の妙味にあるというより、その根源に宗教が機軸をなさなければならない。西欧ではキリスト教が憲法政治の基礎になっているが、不幸にして日本では国家の機軸になる宗教がない。仏教はむかし隆盛を誇示したが、今日には衰退する傾向にある。神道は日本伝統のものだというが、宗教として人の心を把握するには力不足である。そのために、日本において国家の機軸になれるのはただ皇室があるのみで、憲法の基礎においてはこの天皇尊重を基本にして……」[14]

帝国憲法が日本の敗戦によって無効になるまで、日本国家主義の根幹は天皇制にあったので、この中で生きるキリスト教は常に天皇制に対して受動的にのみ自己を表現するしかなかった。

明治期のキリスト教が敵と味方として出会った思想の中には、上述した政府の保守反動的天皇制復帰だけでなく、イギリスの経験主義、福沢諭吉に代表される功利主義、進化論、東京帝国大学に広がった不可知論、フランス自由民権思想があった。この中でキリスト教はどちらかといえば自由民権思想と結びついた[15]。

板垣退助、後藤象二郎などが自由民権、天賦人権、国会開設を主張し、明治政府を攻撃すると、政府も自由民権運動が肥大化するのを恐れて、国会開設を約束せざるを得なかった。この自由民権運動にキリスト者たちが積極的に参加した[16]。その他の思想、天皇制国家主義、功利主義、進化論などは、キリスト教攻撃に加担したので、キリスト教側もこれらの思想と対決せざるを得なかった。

日本の近代思想のなかで、キリスト教は外来思想として始終、天皇制国家主義思想との対決を強要されたので、日本キリスト教史を把握するひとつの観点として「国家主義とキリスト教」という座標軸を忘れてはならない。戦前のキリスト教は国家主義によって懐柔、利用され、また愚弄されたので、その分、戦後のキリスト教は神経を尖らせて国家主義を監視し、国家権力に対して警戒をしている。他にキリスト教が始終思想的対決を強要されているのは、社会主義思想(共産主義思想を含めて)である。「社会主義とキリスト教」という外来思想同士の対決が、日本という土壌でどのように展開されていったかは、特別に項をもうけて扱うことにする。

まず、明治時代における社会、経済史的背景を簡単に述べることにする。日本は明治維新を経たとはいえ、社会、経済体制としてはそれ以前の封建的なものを引きずっていた。一方、当時の農村や都市では封建的社会経済体制から脱皮しようとする動きが見えはじめた。地主も農民も一緒になり、封建的高利の地租税に反対する近代農民の抵抗運動を展開していった。地方都市では零細生産の商業資本がだんだん成長して小ブルジョアを構成し、封建的桎梏を排除して小市民的自由を求める運動を起こしていった。[17]

このように新しい意識を持って農村と都市に現れた、封建制度を打破しようとする勢力を「第三の階級」と呼ぶが、キリスト教は彼らと結びつこうとした。第三階級は明治政府によって優遇され難い存在だった。日清戦争、日露戦争を経る中で、日本の独占資本主義が成立することになり、この第三階級は分解、没落して、貧農、都市労働者に転落するものが多かった。一八七〇年代には教会が農村、小都市に浸透したが、一八九〇年代になってからはそれらの地域の教会は不振となった。農村、小都市がキリスト教を迎え入れないで、大都市のインテリ[18]がこれを受け入れたのは、このような社会経済史的背景が重要な要因として存在した。韓国教会の原形が農村教会だというなら、日本の教会の原形は大都市の学生、中産知識層を中心とした都市教会である。この日本の教会の体質は今日に至るまで変わっていない。

明治維新初期のプロテスタント信徒の中には没落士族が多かったという事実も、社会経済史的要因を究明するならば、次のような事情にもとづいていることが明らかになる。明治政府になって、士農工商の身分制度が廃止されると、士族は生計の手段を失い「武家の商法」(19)で失敗を繰り返すことになった。もちろんごく一部の士族は明治政府と結託して財閥にまで登った者もいるが、これは例外だといってもいいだろう。明治政府の中軸になったのは、いわゆる薩長土肥藩(鹿児島、山口、高知、佐賀)の武士たちで、徳川幕府下では外様と呼ばれ、中心地江戸から遠距離にいて、あらゆる面で疎外された人たちだった。彼らが政権を取り戻した時には、薩長土肥出身者は政治、経済の要職につき、幕府に忠誠を誓った士族たちは、維新政府から除外されることになった。

このように除外された士族たちが再興の道を求めて洋学に接近し、そこでキリスト教への入信が生じた。初期プロテスタント教会の指導者たちは、ほとんどがこの没落士族であった。日本のキリスト教は政治、経済、社会の中心機構から追いやられた人たちによって構成されていたので、彼らは明治政府に対して批判的であった。またインテリが多かったために、社会不安からくる内省志向、個の追究の性格を帯びていた。明治プロテスタント信徒の疎外感は、一方では天皇制絶対主義国家の確立、また片方では独占資本主義から侵略植民地主義へ移行していく過程で、いっそう激化した。

政府は新聞紙条例(一八七五年)、集会条例(一八八〇年)、保安条例(一八八七年)、治安警察法(一

九〇〇年）、治安維持法（一九二五年）の取締法を制定し、体制批判の芽をつみ取っていった。これらの取締法はとくにキリスト者を対象にして作られたのではないが、間接的にキリスト教を遠巻きに包囲したと言えよう。時にはこの取締法が教会の言動を直接制限することもあった[20]。

日本のキリスト教が比較的活発に息づいていた時期は、一九一二年から二一年までのいわゆる大正デモクラシーの一〇年間であった[21]。その後は昭和初期の経済恐慌（一九二九年）から始まる日本のファシズムの中で、キリスト教は国家社会への批判的参与の道が閉ざされたまま敗戦を迎えた。

日本ファシズムの旗手は農村出身の将校、小売り商人、下級公務員、零細工場主、学校教師、僧侶、神官などのいわゆる疑似知識人たちであって、都市サラリーマン、自由知識人、学生を主体とするキリスト教とは互いに合わなかった。一九二〇年代の大正デモクラシーは都市のインテリたちが主な担い手になったので、彼らは急激な改革までは願わなかった。

しかし、それまで疎外された軍人、疑似知識人は、一種の不満分子層を成していたので、ファシズム時代には都市知識人が除外され、天皇、軍人、一般市民の直接的連結の過激な政治が行われた。具体的には大正末期、昭和初期の経済混乱、社会不安を根拠にして、自由民主主義、資本主義経済を根本的に否定して、家族主義、農本主義、大東亜主義、天皇中心の疑似宗教国家が生まれた[22]。青年将校による一九三二年の五・一五事件[23]、一九三六年の二・二六事件[24]に現れたファシズム的テロは、すでにブレーキの利かなくなった日本超国家主義の姿勢を現したのであった。日本軍国主義はやがて一九三七年の日中戦争、一九四一年の太平洋戦争に突入するが、その中でキリスト教は全般的に沈黙と屈従だけを強要された。そのため、敗戦の時には被害者および加害者の二重の心理が重なって、戦後の教会再建のエネルギーを消失してしまったのである。

註

1 呉允台『韓国基督教史』（韓国景教史編）恵宣文化社、ソウル、一九七三。この本で、日本の仏教に及ぼした景教の影響が記録されているが、これは一つの大胆な仮説に過ぎないと考えられる。

2 本書は一九五〇年に出版されたが、日本のカトリック伝来当時の背景史を世界、日本の全体的視野で完全に掘り下げて、比較的詳細にカトリック伝来から鎖国にいたるまでの情勢を描写している大作である。下記の引用は『和辻哲郎集』角川書店、一九五四を使用した。

3 和辻哲郎、前掲書

4 日本がヨーロッパに紹介されたのは、マルコ・ポーロの『東邦見聞録』一四八五年による。この本には日本（Zipangu）は、金、銀が豊富な国として描写されている。一五世紀の地理上の発見に関しては、ここで改めて言及する必要はない。ポルトガルはバスコ・ダ・ガマが一四九八年に喜望峰を回ってインド洋に通じる航路を発見して以来、インドおよび東南アジアの貿易をほとんど独占した。ポルトガルの東洋貿易は「胡椒」と「香料」が重要な品目だったが、日本の場合は銀が輸入品目の大部分を占めた。ポルトガルの船舶が日本にはじめて来たのは一五四三年のことで、鹿児島の南方、種子島にポルトガルの船が漂着した。彼らは日本にはじめて小銃を伝えた。その後続けて、ポルトガル船は九州の博多、府内などに来たが、これらは定期的な貿易ではなく、日本への航路は未知の危険なものと思われ、不定期に来たものとみていい。商船が来たのは神父の依頼によるものが多く、戦国大名はキリスト教を保護する代価としてポルトガルとの貿易を渇望していた。ポルトガル貿易を日本人は一般的に南蛮貿易と呼んだ。この南蛮船によって日本はヨーロッパとつながったといってもいい。日本の歴史はここから常に世界史の視野の中で把握される。

5 和辻哲郎、前掲書。ヤジローに対しては、のちに説明

6 例えば、一四八五年の加賀の一向一揆は、仏教の一宗派である一向宗の信徒を中心に、守護富樫氏を敗北さ

せ、ほとんど一世紀に及んで、土豪、僧侶、農民の会議による自治を続けた。

7　人々はこの教会を「仏蘭西寺」と呼んだ。

8　ペリー一行にはチャプレンとしてジョンズ牧師が同船した。ジョンズは後に宣教師として日本に来ることになった。

9　特にハリスの聖日厳守は徹底していた。ペリー、ハリスは共に聖公会系の信徒だった。Otis Cary,A History of Christianity in Japan.II,Tuttle,Tokyo,1909　ハリスの言葉に次のようなものがある。"I shall be both proud and happy if I can be the humble means of once more opening Japan to the blessed rule of Christianity."（前掲書）この本は一九七五年に再版された。ここでの引用は再版

10　一八七一年西欧帝国との条約改正を目的に、岩倉具視、伊藤博文など五名がアメリカ、イギリス、フランスなどを巡回視察したが、どの国でも日本のキリスト教弾圧が問題になり、条約改正は実効を上げることができなかった。

11　鹿鳴館という西洋式建物で、西欧の外交官を毎日のように招待して舞踏会を開き、西欧化の文物と装飾を真似し、また学んだ。

12　陰の宗教としてのキリスト教は、仏教、神道のように日本固有の宗教として扱われることは少なかった。未公認の少数者に過ぎないキリスト教は、つねに劣等意識を持っていたので、政府の政策を自分に有利な方に、一方的に解釈しようとした。禁令撤廃はキリスト教の自由が許容されたと解釈し、憲法の信教の自由条項にはキリスト教が公認されたと解釈した。一九〇〇年に政府側からキリスト教が仏教、神道と並んで三教と呼ばれた時、公認されたと思ったキリスト教側の喜びは計り知れなかった。しかし、このような教会側の劣等意識からくる自己解釈が必ずしも正しくなかったことが、以下のキリスト教史によって証明される。政府のキリスト教政策を教会側で善意に解釈し、教会が政府との衝突を極力避けようとしたのは、ある面では自らが政府のキリスト教政策に組み込まれた結果になった。

13　Otis Cary，前掲書Ⅱ

14 基督教学徒兄弟団刊『近代日本とキリスト教　明治篇』創文社、一九五六。ここでの引用句は意訳して現代文にしたもの。

15 山路愛山『基督教評論／日本人民史』岩波文庫、一九六六。山路の教会史論は一九〇六年のものだが、優れた史論である。

16 隅谷三喜男『近代日本の形成とキリスト教』新教出版社、一九六一

17 隅谷三喜男、前掲書

18 教師、学生、医者、裁判官、ジャーナリストなどを職業とする都市の中産階級

19 士族がなれない商いに手を出して失敗することを皮肉った言葉

20 一つの例として一九一〇年の日韓併合に対する教会機関誌の論評が新聞紙条例と保安条例によって発行禁止されたことがある。

21 明治政府は外面的には近代化を装ったが、内実は封建的薩長による藩閥政治をしいたので、これに反対する運動が起こり、結局は閥族と無関係の原敬が平民宰相として政治を担当するにいたった。この原首相も一九二一年に暗殺され、大正デモクラシーは短命で終わった。しかしこの期間に吉野作造は民本主義を掲げ、民本主義の運動を促進し、労働運動、社会運動も活発になった。

22 丸山真男『増補版　現代政治の思想と行動』未来社、一九六四所収「日本ファシズムの思想と運動」

23 犬養毅首相暗殺

24 斎藤実、高橋是清など、政府要人暗殺

三　日本のカトリック史

（1）草創期と発展の時期

日本のカトリック伝道は一五四九年八月にフランシスコ・ザビエルが鹿児島に到着したときから始まるといわれる。ザビエルはわずか二年三カ月の間日本に留まっただけだが、彼が日本のカトリック伝道に及ぼした影響は絶対的であった。[1]

ザビエルは一五〇六年スペインのナバールで貴族の三番目の息子として生まれた。パリ大学で勉強していた時イグナチオ・ロヨラに出会い、清貧に神と人に仕え、教皇の命令に絶対服従することを誓ったイエズス会を、六人の同志と共に始めた。ザビエルはロヨラの勧告と教皇の命令で、一五四一年ポルトガル領インドに向かって旅発ち、ゴアを中心に八年間働いた。一五四九年から二年間を日本で過ごし、一五五二年八月、中国広東の上川島で熱病にかかり、四七歳でその生涯を終えた。

イエズス会は宗教改革を意識して組織され、反宗教改革の性格を持っていたが、ザビエルには中世的なものと啓蒙主義、宗教改革の影響を受けた近世的なものがないまぜになっている。

「ザビエルの宗教と文化意識はいまだ中世的であった。彼はかねがね神の栄光とポルトガルの栄光を同一視した。……彼は日本の全国民を改宗させるために、まず支配者を改宗させ、彼らから信教の自由を得るのが良いと考えた。……ザビエルはクリスチャンが福音と聖餐で非クリスチャンを救わないなら、彼らの魂は失ってしまって地獄に行くと、文字どおり信じていた(2)」

彼はインドでの経験を土台に、クリスチャンを保護するためポルトガルの軍隊の派遣を要請しようとし、宗教裁判の必要を訴えようとしたことなども(3)、彼の中世的な意識を物語っている。一方、ザビエルはポルトガルの植民地政策を批判することもいとわなかったし、日本、中国の文化水準が高いと判断し、その文化を尊敬して研究することも怠らなかった。被宣教国の民を愛し、文化を理解しようとしたザビエルの態度は、後にイエスズ会の宣教政策としてヴァリニャーノ、マテオ・リッチなどに継承されたと言える(4)。さらに彼が抱いていた世の終わりまで福音を伝えようとする情熱、キリスト教に根ざしたヒューマニズム、科学的で合理的精神などは、ザビエルがいかに近世的雰囲気に根差していたかを物語っている。

ザビエルはポルトガルの船舶が種子島に漂着した七年後に、トルレスとフェルナンデス、そしてマラカで出会ってゴアの神学校で学ばせた日本人ヤジロー、その他四人を含めて八人で中国海賊船に乗って鹿児島に来た。ザビエルは一五四七年にマラカに亡命してきたヤジローに出会った。ヤジローは新興貿易商の一人で、殺人罪を犯して国外に逃げようと計画し、ポルトガルの商人の助けでマラカまで逃げてきたのだった。彼はポルトガル商人からザビエルの話を聞いて感銘を受けたが、実際に会っていっそう感動したという。ヤジローはザビエルの勧告でゴアの神学校で一年間勉強することになり、その間洗礼を受けパウロという名を授けられた。「ザビエルはヤジローに会って、彼を通して同時に日本人を見たのであった」[5]。日本人ほど道徳的で気品があり、才能が豊かで道理を追究する国民はないとザビエルは判断し、日本こそキリスト教を伝えるのにふさわしい国だと考えたのである。それまでインドでの伝道に熱中してきたザビエルは、ヤジローを通して日本人を知り、インド人にはない新しさを発見したのだろう。日本伝道の夢を持ったザビエルはただちに日本に行くことを決心し、さまざまな危険にもかかわらず、日本に到着した。

九州地方は以前からポルトガルの商人が出入りしており、彼らを通してある程度キリスト教に関しての知識はあったが、宣教師が入ったのはザビエルが初めてである。予想に反して大名島津貴久は宣教師一行を暖かく迎え、家臣たちにクリスチャンになっても良いと許可するほどだった。故郷の人たちはヤジローを歓迎し、彼は家族、親戚、友だちを次々とキリスト教に導いた。ザビエル一行は鹿児島に一年ほど滞在したが、その間一〇〇人ないし一五〇人の信徒を得た。しかし鹿児島ではまもなく仏教徒の反発を受け、島津もキリスト教に対して冷淡になった。さらに、ポルトガルの船舶が鹿児島の代わりに平戸に入港することを知った大名は、宣教師を保護しても経済的望みが叶えられないことを知り、かえってキリスト教を迫害するようになった。

ザビエルは鹿児島の信徒たちをヤジローに任せ[6]、平戸、博多、山口、京都へと伝道旅行に出た。ザビエルは京都に入り、将軍と会って信教の自由を許してもらおうとしたが、京都の荒廃状態に失望し、将軍との面会も許されないまま再び山口に戻り、そこを足掛かりにして伝道に専念した。

当時山口は大内義隆が統治していたが、キリスト教を大変優遇したので、ザビエルは日本伝道旅行の間もっとも活発な時期を送った。ザビエルが山口に滞在した数カ月の間、五、六〇〇人が洗礼を受けたという。一時的にキリスト教が迫害の脅威の中にいたこともあるが、山口では教勢が順調に伸び、一五五六年には信徒が二〇〇〇人を超え、クリスチャン都市として繁盛した。廃寺の大道寺を引き受け教会にしたのは有名な話である。(7)ザビエルは豊後、大分の大友義鎮に呼ばれ、府内に行った。その後、再び日本での伝道に熱い思いを持ったままポルトガルの船で日本を離れた。

ザビエルは日本に滞在した二年三カ月の間、開拓者として困難の中にありながらも、キリスト教に対して好意的な大名数人と二〇〇〇人に近いクリスチャンを生むなど、カトリック伝道の基地を開拓したのである。彼は日本に優秀な宣教師をたくさん派遣してくれることを要請すると同時に、彼自身は日本人が尊敬する中国人に伝道する夢を持って中国に入るために上川島で待機していた。彼が中国伝道に目を開かれたのは山口に滞在した時のことで、日本の文化と思想に対する中国文化の影響を知った後、日本をキリスト教化するためにはまず中国をキリスト教化する必要性を感じた。そうすれば中国を尊敬する日本人は自然にキリスト教を受け入れるだろうと考えたからである。(8)ザビエルの名は日本、中国宣教の先駆者として永遠に記憶されるだろう。

ザビエルが日本を離れた後、優秀な宣教師たちの努力、(9)日本人キリシタンの活躍、(10)キリシタン大名たちのキリスト教保護、仏教を嫌った信長がキリスト教に見せた好意的態度など、いろいろな要因が重なって、キリスト教は急速に成長していった。ある統計によれば、一五七〇年代には全国の信徒数が三万、八〇年には一三万になり、九〇年代には最盛期を迎え、当時の日本の総人口の一・三％である三〇余万に達したという。(11)

信徒たちは九州の鹿児島、天草、島原、長崎、大村、有馬、五島、平戸、豊後、そして山口、近畿地方では堺、河内、京都、安土など、日本の西南部に集中していた。その理由はこれらの都市にはキリシタンを保護するかあるいは自らカトリックを信じる大名がいたからである。キリシタン大名としては豊後の大友義鎮、大村の大村純忠、有馬の有馬晴信、高槻の高山右近、丹波の内藤如安、肥後の小西行長などの名前がよく知られている。このようなキリシタン大名が支配する領地では、大名が半強制的に家臣と領民をすべて信徒にしようとしたことまであった。個人的自覚によるものよりは集団改宗によって、一度に二、三〇〇〇人が洗礼を受けた中世的改宗の方法が採択された。

中には仏教の僧侶を追放し、お寺から仏像を引き出して焼いたり海に捨てるなど、過激な手段を取ることによって信仰心を示そうとした者もいた。宣教師もこれを黙認する態度をとったが、これらの過激な手段は仏教側を刺激して、後にキリスト教に冷淡な大名に代わると、キリスト教に迫害を加えるよい口実になった。大名の命令で信徒になったほとんどの人たちは、迫害時には簡単に背教する現象も現れた[12]。

キリスト教が盛んだったのは、織田信長が全国統一を成しとげた時であるが、これはその部下に高山右近など、キリシタン大名がいたことと関係がある。信長は一五六八年に足利義昭を将軍にして京都に入り実権を握った。その後、義昭が信長の勢力が強大化するのを恐れるあまり信長を牽制し始めるや、信長は義昭を排して一五七三年、一八〇年間続いた足利室町幕府を滅亡させてしまった。

信長は全国統一を着々と遂行していった最中に、部下の明智光秀によって殺害された[13]。それまで信長は統一の妨げになる仏教勢力を抑えるため、大坂の本願寺（浄土真宗）、京都の比叡山（天台宗）など多くの寺を焼いて僧侶を殺害した反面、仏教の対抗勢力になるキリスト教には異常なほど好意的だった。キリシタンではなかったがキリスト教に好意的な大名和田惟政の斡旋で、宣教師フロイスは一五六九年信長と親密に会うことができ、カトリック伝道の保護を約束された。のみならず、信長は時々宣教師のことばに耳を傾け、彼らを通して世界の情勢を知ろうとした。一五七六年には京都に南蛮寺という教会を建てたり、一五八〇年に信長の城がある安土に神学校（セミナリオ）を建てたのも、すべて信長のキリスト教に対する好意的態度によるものである。

このような信長を見て、中には「信長が秘かにキリシタンになった」と信じる人もいた[14]。またある宣教師は本部に送った手紙の中で、信長に対して次のように述べている。「信長は日本人が普段崇拝している神や仏は全然信じないが、自分が意識せずともキリスト教の道を開く神の道具として選ばれた人である[15]……」

しかし、信長のキリシタン保護は、信仰に対する関心や教理に対する理解より、あくまでも政治的意図から出たものと見られる。すなわち、彼らを保護することによって西欧文明に接近でき、仏教勢力を打倒することができると考えたのが、その重要な保護要因であった。もちろん信長自身が多少なりとも持っていた進取の思考が作用したのかも知れない。

キリスト教が盛んだった一五七〇年代後半から八〇年代初頭を象徴する出来事としては、一五八二年に長崎を出発してローマに向かった少年使節団の派遣があった。これはヴァリニャーノが企画したもので、その意図はまずキリスト教国であるヨーロッパに日本宣教の成果を見せることで、いっそう日本宣教への関心を高めようとしたことだった。それに少年たちが優秀なヨーロッパの文明とその背後にあるキリスト教を直接見ることによって、帰国してすぐれた宣教師になってくれればとの理由があった[16]。

ヴァリニャーノはキリシタン大名の下にいる五人の少年を引率して行ったが、ローマでは大歓迎され、教皇との謁見も許され、所期の目的を達成して一五九〇年七月、長崎に戻った。八年に及ぶ派遣使節団が帰国してみると、信長の時代は過ぎ去り、一五八七年に秀吉が伴天連（バテレン）追放令を出してすでに三年になることを初めて知った。バテレンとはポルトガル語でパードレ（神父）ということばで、宣教師のことをいう。

ヴァリニャーノは宣教師の資格ではなくポルトガルのインド総督使節の資格で少年使節団を率いて秀吉に会ったが、秀吉は彼らを歓待した。ヴァリニャーノの慎重な態度のために、秀吉は事実上キリシタンの活動にほとんど干渉せず黙認したという。[17] 宣教師追放令を出す前までは、秀吉はキリスト教に少なくとも好意的な人と思われた。追放令を積極的に受け入れ、領地内の宣教師を追放したのはごく一部の大名だけで、ほとんどの大名たちはキリシタンの活動を黙認するか、反対に宣教師を保護したので、秀吉がバテレン追放令を出した後も、事実上キリスト教の勢力は拡張していった。

（2）カトリック迫害と諸要因

戦国時代と呼ばれる政治的混乱の中で芽生えた民衆のエネルギー、世界開放性、合理性に助けられ、カトリックは宣教開始以来めざましい発展を成しとげた。しかし、秀吉が全国統一を完成する段階になり、これらの近世的なものが再び秀吉の集団的封建体制の中に入らざるを得なかった。そして、この体制に合わないものは容赦なく排除され抑圧されることになった。

秀吉以前にも、キリスト教に対する大名たちの態度いかんによって、個々の迫害の例はあったが、その時は宣教師やキリシタンがキリスト教を保護する大名のもとに逃げることができた。しかし、全国統一がほとんど完成され、全国的規模でキリスト教迫害が行われると、宣教師やキリシタンの逃げ場がなくなり、背教か殉教の二つの道しか残されなかった。

一五八七年に秀吉がバテレン追放令を出した時は事実上空文化され、九州の大名たちはキリシタンを保護したりして追放令が徹底的に実施されることはなかった。

しかし一五九七年以来、強力にキリスト教禁止を実行する段階になると、キリシタンの活動舞台は徐々に狭まっていった。徳川幕府になって、キリスト教迫害が徹底的に組織的に行われると、日本で神父として活動した人は一六四三年を最後に一人もいなくなった。その後カトリック信徒は、潜伏キリシタン、隠れキリシタンとしてのみ存続した[18]。

徳川幕府はいわゆる鎖国体制を確立して、執権的封建体制を完成させていたが、その内容はまずキリスト教禁止を骨子とする思想統制、次に外国貿易を制限、独占する経済統制の二つである[19]。

以下、秀吉から始まり徳川家康、秀忠、家光に至るキリスト教禁止と迫害の過程と禁止の諸要因を総合して述べることにする。

一五八二年に信長が明智光秀によって京都の本能寺で殺害された後、秀吉は光秀を打破して天下を握るようになったが、秀吉は信長のように仏教を排斥するためにキリスト教保護の態度を見せなかった。かえって信長によって破壊された寺院を自分の勢力下に引き入れようとするほどであった。秀吉は因習の観念を打ち破り、実力によって伸し上がっていった人だったので、権力欲が非常に強く、信長のような人間的幅はなかったと見られる[20]。

下から登り詰めた人がいったん最高権力を握った時、民衆を統制し、民衆の出世を許さない逆説的権力者のモデルを秀吉に見ることができる。それにしても秀吉がいきなり態度を変える以前には、部下の中に有力なキリシタン大名がいた関係もあり、キリスト教に関して寛大な態度を見せていた。宣教師に会い、快く布教の自由を与え、教会堂建築を援助したなどがその一例である。ところが一五八七年七月、秀吉が九州を平定し博多に滞在していた時、気まぐれにバテレン追放令が出されたのであった。

あまりにも有名なこの追放令の内容は、日本は神国なので邪教のキリスト教を伝えるのは許されないので、伴天連は二〇日以内に帰国しなければならないとのことであった。

当時日本には四〇人の神父と七三人の修士がいたが、秀吉は彼らを平戸に集めて、そこから国外に追放しようとした。しかし船便がなかったので二〇日以内に離れることはできないという口実で、宣教師たちは事実上日本に残っていた。九州の有馬、大村、天草、豊後、平戸の大名たちは宣教師たちを隠匿しようとした。宣教師たちは庶民の服を着て、潜伏戦術を使って、公的には存在しないことになっていたが、密かに存在するのは公然の秘密であって、秀吉はこれを知っていながらも徹底的に追放する手段がなかった。

いきなり出されたバテレン追放令がどのような動機から出たかというと、秀吉に約束したポルトガルの船舶を宣教師が積極的に斡旋しなかったこと、有馬領で秀吉がキリシタンの女性を求めて恥をかいたこと、九州のキリシタンの勢力拡大を恐れたこと、大名大村が長崎を教会領として寄贈したこと、仏教徒の煽動があったことなど、いろいろと推測されている。秀吉が自分の支配領域に異質な神を信じるキリシタンの勢力が大きくなることを恐れたというのが正しいだろう。

バテレン追放令は封建体制を固めていく過程で必然的に出されたものであって、一五八八年には庶民からの反抗を未然に防止するために、刀狩令が出ている。秀吉は一五九二年から九七年にわたって文禄慶長の役を起こし朝鮮に出兵し、対外的問題により神経を使った。朝鮮出兵の時の大名および兵士たちの半数以上がキリシタンだった事実を考えると、[21] その間はキリシタン迫害の事件はなかったと言えるが、一五九七年のいわゆる「二六聖人大殉教」が全国を驚かせた。

この殉教は一五九六年一二月、京都、大坂にいたフランシスコ会神父六人、日本人信徒一七人、イエズス会日本人修士など、合わせて二六人を逮捕して見せしめとして全国を引き回し、九七年二月五日、長崎で十字架にかけ全員を殺したことである。[22] 全国のキリシタンと国民を震撼させたこの大迫害の直接原因はなにであったのだろうか。二六人の殉教者の中に外国人としてスペイン系フランシスコ会の神父が六人いる点が注目される。

スペインは一五七一年にフィリピンのマニラを東洋貿易の基地として以来、貿易と宣教の目的で日本に接近しようとした。それまでの日本宣教はポルトガル系イエズス会が独占していたにもかかわらず、いろいろな口実で一五九三年以来フランシスコ会の宣教師たちが日本で宣教を始めた。バテレン追放令を全く無視したかのように、フランシスコ会の宣教師たちは京都、大坂、長崎に教会堂を建て、公然と宣教に力を注いだ。

一方イエズス会は、それまでの困難の中で積み上げた日本での宣教結果が、フランシスコ会の活動によって秀吉を刺激し、キリシタン全体の迫害に広がるのではないかと心配していたが、それが的中したのである。秀吉もフィリピン出身者（フランシスコ会宣教師）が憎いと言ったし、イエズス会宣教師が秀吉の統治下で慎重に宣教する限りにおいては、あえて宣教師に手を出そうとはしなかった。バテレン追放令以後イエズス会がとった慎重な態度は、追放令が事実上空文化されたことを見てもわかる。

秀吉はこの大迫害の翌年に死亡したので、キリシタンの恐怖は一時退けられたが、宣教師、キリシタン弾圧の方向は、秀吉の次に現れた徳川家康、秀忠、家光に引き継がれた。

フランシスコ会より少し遅れて、一六〇二年以来フィリピンを拠点に、ドミニコ会、アウグスチノ会の宣教師たちも続いて日本に入った。ところが中国のキリスト教史に現れた典礼問題と同じく[23]、日本でもポルトガル系のイエズス会とスペイン系のフランシスコ会、ドミニコ会、アウグスチノ会との宣教方案の対立、民族感情、経済的利益の対立が交錯して、日本のカトリック宣教は衰退していった。宣教師同士の対立だけでなく、各派の信徒の間にもこの対立が及び、迫害の中で潜伏したキリシタンまでも各々別途の用語および集会を作り、長い間存続していた[24]。

もう一つ秀吉のキリスト教迫害の直接的動機になったのは、スペインの帝国主義的領土拡張に対する恐れであった。一五九六年七月、スペイン船サン・フェリーペ号がマニラを出発しメキシコに向かう途中難破し、四国に漂着したことがあった。秀吉はサン・フェリーペ号の船員を逮捕し、船にあった物を没収した。船員の一人が取り調べの時、世界地図を広げスペインの領土拡張を自慢し、東南アジア、中南米のスペイン領土は、まず宣教師たちを送って住民の心を買い、次に軍隊を送って確保したと説明した。スペイン艦隊はサン・フェリーペ号の押収に対して抗議し、日本近海で脅威航海を続けた。秀吉のキリスト教迫害はこのサン・フェリーペ号事件があった年に始まったことを考ると、西欧キリスト教国家の帝国主義的侵略を防ぐためだという理由も当然認めることができる。
キリスト教禁止の理由として西欧キリスト教国家の日本侵略説があげられるのは、秀吉の時だけでなく徳川幕府のキリスト教禁止においても同様である。しかし実情はその反対で、当時の国家状勢を考えると、かえって東アジアの国々が日本の侵略を恐れていた。そのような形勢は江戸初期まで続くが、秀吉の強固な言動、幕府が国民感情を利用してキリスト教を侵略宗教だと烙印を押したこと、また神道、儒教、仏教と御用学者たちがその雰囲気を煽った点から、そのような観念が作られた。[25]
西欧帝国の日本侵略説は、元々キリシタンに敵意を抱いていた日本国民の感情の産物であると同時に、[26]日本で利益を得ようとする西欧帝国が互いの国を中傷して幕府にとり入ろうとすることから出たものである。すなわち、ポルトガルはスペインの侵略性を幕府に言いふらし、日本での自分たちの利権を守ろうとした。また家康時代になって新しく日本に入ってきたオランダも、ポルトガルとスペインを攻撃して、彼らの侵略意図を幕府に忠告したのである。オランダとイギリスはプロテスタント国家で、宗教と経済を分離するという原則に立脚して、ポルトガル、スペインが宗教と経済を一緒に考えるのを帝国主義だと言った。ここにはそれまで海上貿易を支配していたポルトガルやスペインに対する新興国家イギリスやオランダの対立とともに、カトリック国家とプロテスタント国家との対立も含まれている。
プロテスタント国家であるオランダやイギリスは、自分たちは日本に宣教する意図はないと公言し、貿易のみを望むと言って、徳川幕府の好意にしがみついた。一六二〇年、アウグスチノ会、ドミニコ会の宣教師たちが商人に変装し、マニラから日本に上陸しようとしたが、イギリスの船に拿捕された後、オランダの船に引き渡され、平戸に連れてこられた。二年後の一六二二年、元和大殉教と呼ばれる事件が起こり、この二人の宣教師を含む多くの信徒たちが殉教した。

この事件は、イギリスとオランダのようなプロテスタント国家が力を合わせて、カトリック国家の違法行為を暴露して幕府に過剰な忠誠心を示した例である。さらに、一六五〇年頃から始まった踏絵制度実施後からは、国内外を問わず疑いのある者は踏絵テストをされたのだが、オランダの人たちは貿易ができなくなることを恐れ、踏絵を踏みつづけたと伝えられるが[27]、あり得る話である。

順序が入れ替わりになったが、一五九八年に秀吉が死亡すると、一六〇〇年の関ヶ原の戦いで徳川家康は石田、小西側を打破し天下を統一した。ここで信長、秀吉の安土桃山時代が終わり、徳川二五〇年の江戸幕府が成立するが、キリシタンたちは不安と期待の中で家康を歓迎するしかなかった。

天下取りがかかった重要な関ヶ原の戦いで、キリシタン大名たちは石田、小西の側についたので[28]、それによってキリシタンに報復が加えられるのではないかとの不安があった。一方、秀吉末期のキリシタン弾圧をそのまま引き継がなかった初期の家康の態度に、キリシタンは期待をかけた。結局、期待したとおり、キリスト教に対して家康は公認はしなかったが寛大な態度をとり、キリシタンの処遇は各大名の裁量にまかせた。それまで潜伏していた神父たちも出てきて活動を始め、江戸、京都に教会堂が建てられ、九州地方にも秀吉時代に破壊された教会が回復再建された。家康は一六〇二年にドミニコ会、フランシスコ会の宣教師たちに会い、彼らを歓待した。

キリスト教に対する家康の態度が強固になったのは一六一二年以後のことで、それまでキリシタンは以前にない自由と繁栄を味わった。数年の間に増えた信徒は七万を数えた。しかし一六一二年以後、日本のキリスト教史は暗黒時代を迎える。一六一四年にはキリシタン禁教令、宣教師追放令を出し、全国的にキリシタンを取り締まるようになった。

この禁止令には「キリシタンたちは商船を送って商品を交換するだけでなく、悪法を広め、正法を混乱させ、政府を転覆し領土を所有しようとする。これは大変なことであるので、阻止しなければならない。……キリシタンたちはあらゆる政府の命令に反対し、神道を嫌い、正法を排斥し、義をなくし、善を破壊している。国法を犯した者を見ると喜んで走り出て、頭をさげてお辞儀をする。これがキリシタンの本性だ。邪教でなく何か。実際に仏敵、神敵だ。急いで禁止しなければ後世国家の災いになるだろう。[29]……」

この禁止令を実行するに当たって、仏教の僧侶がキリシタンを尋問し、やがてすべての国民が仏教の寺に自分の籍を登録する檀家制度が確立され、キリスト教は仏教の厳格な監視を受けるようになる。[30]

多くの宣教師と日本人信徒たちが長崎を経由して追放されたが、キリシタン大名として有名な高山右近、内藤如安(ジョアン)とその妹で日本最初の女子修道会創始者ジュリアなども、マニラに追放された。日本にはイエズス会一八人、ドミニコ会七人、フランシスコ会七人、その他合計四〇人の宣教師たちが潜伏し、迫害の時も、商人、船員、奴隷に変装し、国内潜入を企図した例が少なくない。このような潜入宣教師が摘発された場合には、キリスト教迫害に拍車がくわわった。

家康は一六一六年に死亡し秀忠が後を継ぐが、秀忠時代に京都の大殉教(一六一九年五〇人を火刑)、長崎での大殉教(一六二二年一六〇人を超える信徒を処刑)、その次の家光時代には江戸で七〇人を超える殉教(一六二三年)などが続いた。[31] 日本のキリシタン殉教者の数はいろいろと推測されるが、有名、無名を合わせて四、五万人に上るという。[32]

キリシタンを探し出す方法、拷問、迫害の形態もいろいろと工夫され、徹頭徹尾行われた。マリア像、イエスの十字架像が刻まれた銅、真鍮、木版を踏ませて、キリシタンでないことと信仰を捨てたのを確認させる踏絵[33]制度は一六二九年長崎で始められ、その後長い間使用されたという。迫害の方法も単純な十字架刑や火刑は逆効果だとし、長い時間をかけて熱湯を注ぐ拷問、穴吊りといわれる逆さまに穴に頭を入れて汚物を注ぐ拷問など、残酷な方法が試みられた。キリシタンが多かった長崎、大村、島原での拷問は他のところよりいっそう残酷であったと伝えられる。[34]

このように巧みに工夫された拷問は背教を目的にしたものだが、拷問の結果いわゆる転んだキリシタンも少なくなかったであろう。遠藤周作が『沈黙』[35]という小説で扱ったイエズス会神父フェレイラも背教したという。[36] ほとんどの場合、平民、すなわち商人、職人、農民の方が、武士たちより信仰が充実していた。[37]

徹底したキリスト教弾圧と迫害にもかかわらず、幕府に再びキリシタンの団結の強さを示したのが、いわゆる島原の乱(一六三七〜三八年)である。これはキリシタンたちの信仰闘争ではなく、大名松倉の過酷な政治に対する抗議から始まったが、キリシタン大名小西行長、有馬晴信の遺臣たちの指導下に三万人の一揆として展開した。

キリシタン青年天草四郎時貞がカリスマ的指導者として現れ、闘いには十字架の旗が立てられたという。幕府も島原の乱を鎮圧するため苦心し、オランダ軍艦の援助を受け討伐軍一二万人でようやく乱を鎮圧した。この乱で、キリシタンを含め一五〇〇〇ないし一六〇〇〇人が殺戮された。

島原の乱は秀吉や徳川幕府が常に恐れていたキリシタン一揆を証明したものと受けとられ、その後いっそうキリシタンの取り締まりが厳しくなり、公にキリシタンは一人も存在しない二〇〇余年が続くことになる。

キリスト教禁止とともに、それと関連した南蛮船（ポルトガル、スペイン）の入港も禁止され、[38]やがてはオランダの船も長崎の出島に移され（一六四一年）幕府の監視を受け、ここに徳川二〇〇余年の鎖国体制が確立した。

キリスト教弾圧の原因が表面上なんと説明されようが、キリスト教が持っている新しい価値観[39]が中央集権的封建体制と合致しないという判断と、一向一揆で見られるようにキリシタンがひとつの宗教的、政治的勢力になって体制に反抗するのではないかとの危惧が加わって、キリスト教を禁止したのであり、その他の理由は周辺的なものである。

（3）潜伏キリシタンと隠れキリシタン

潜伏キリシタンとは徳川時代約二五〇年間のキリスト教禁止期間中、あらゆる監視の目を避けてキリスト教信仰を守ってきた人たちをいう。組織的なキリスト教禁教と迫害は家康の時の一六一四年から始まったとみるが、それからいわゆるキリスト教の復活と呼ばれる一八六五年まで徹底的な「キリスト教邪宗門」政策が行われ、キリシタンは日本から完全に姿を消したと思われたが、実は「潜伏」あるいは「隠れ」キリシタンがいた。

一八六五年になって、潜伏キリシタンが長崎の大浦天主堂にフランス神父を訪ねていったことで、初めて潜伏、隠れキリシタンの存在が明らかになった。潜伏キリシタンと隠れキリシタンの違いは、一八六五年以後カトリック教会に復帰しなかった潜伏キリシタンを隠れキリシタンとよぶ。彼らはいまでもカトリック教会に入るのを拒否し、禁教時代に守ってきた仏教、神道、キリスト教信仰が混合された信仰の中で生きている。

潜伏キリシタンは二三〇年の間どのように信仰生活をしてきたか、なぜいまも隠れキリシタンは教会復帰を拒否するのかという問題と、復帰したキリシタンに対する明治維新政府の迫害などについて記述しよう。

すでに書いたように、家康、秀忠、家光三代にわたって徹底的なキリシタン探索調査が行われた結果、キリシタンは一六四〇年代に表面上はほとんど見られなくなったと推測される。宣教師も追放され迫害を受け、国内に残っていた唯一の日本人神父も一六四三年に殉教したという(40)。日本人こそキリスト教を受け入れるにふさわしい民族だと信じたザビエルの夢も、また一時は九州全体がキリシタンになるのではないかと思われたキリシタンの勢力も、いまや完全に昔話になってしまった。

キリスト教は邪宗門であるとの教育(41)が徹底的に行われて、キリシタンを告発する人には賞金を与え、五人組を組織して互いを監視する制度を作り、毎年踏絵を実施して宗門を明確にし、制度上すべての国民は仏教の寺に登録して、その寺を檀那寺としてその人の生死の管理を仏教僧侶に委託するなど、キリスト教の影さえ許さないほど完璧なキリシタン撲滅体制を作り上げた。とくにキリスト教が盛んだった九州地方でのキリシタン取り締まりは厳格だった。

このような状況の中で神の沈黙は二〇〇余年続いた。一八五九年の日仏条約の時宣教師が通訳として来日することになり、条約によって自分たちの礼拝をしたが、長い間沈黙の中で代々キリスト教のオラシオ（祈禱）を伝え、教皇が送ってくれるパードレ（神父）を待っていた数千人の日本人キリシタンが存在するとは、だれも考えられないことだった。

長崎の大浦天主堂が落成し、そこにフランス人神父プティジャンが常住するようになった。このうわさを聞いた浦上の信徒一〇余人が一八六五年三月一七日、おそるおそるこの会堂を訪ね、神父に「私たちの信仰もあなたの信仰と同じだ」「聖母マリア像はどこにいますか？」「あなたは独身の神父ですか？」と聞いたという。そして七代目の時に神父が来ると信じて待っていたが、まことにこの神父こそ教皇から派遣された神父であることを知り、喜んで帰ったという。

この出来事があった後、浦上の信徒が続けて会堂を訪ね、神父も人の目を避けて夜中に信徒を訪ね回った。神父はこの事実をローマに報告し、キリスト教世界を驚かせた。その報告によると、一八六八年当時、長崎付近に二万人に達するキリシタンが存在し、そのほとんどは潜伏の長い夜を経て、カトリック教会に復帰した。これを日本のキリスト教会史で「キリシタンの復活」という(42)。

一方、いまでもまだ二五〇年間のキリスト教弾圧の中で自ら育んできた苦しみに満ちたキリシタンの道を生きている群れがいる。彼ら隠れキリシタンは土俗信仰、仏教、神道などの混成された宗教の中で自分の信仰を埋没させながら生きている。したがって潜伏キリシタンと隠れキリシタンの違いは、カトリック教会が再び現れた時そこに戻ることができたか、あるいは土着、風土化の度が過ぎて、復帰できなかったかの違いである。

隠れキリシタンが復帰の機会を逃した理由に関しては後で述べることにして、ここでは彼らがどのような形態で信仰を維持してきたか[43]ということを考えることにする。

弾圧時代にキリシタンがとった信仰態度は、できる限り表面上は仏教、神道の信徒として飾って、内面的にはキリスト教信仰を維持することだった。「偽装」が彼らの唯一の生きる道だった。踏絵を強要されれば、彼らはそれを踏んだ[44]。檀那寺に登録して、仏教の読経にも参加した。あるいは神道の氏子として神社にも参拝した。しかしこれはあくまでも偽装であり、彼らは仏教式の酒宴を仮装して、キリスト教の集会を続けた。

日本が西洋暦を受け入れたのは明治期になってからのことであるが、キリシタンは別に暦を持っていて、日曜日を聖日として守ることを知っていた。毎日のオラシオとして主の祈り、アベ・マリア、ガラシア（恵み）、ゲレント（使徒信条）、コンチリサン（悔い改め）などがラテン語とポルトガル語も混ぜて日本語で伝えられていた。

禁教時代だったので、もちろん口伝の形態で伝えられたため、長い時代の流れで変形して意味が明らかでない部分も生じた。しかし潜伏キリシタンはそれをそのまま続けて伝えた。キリシタンが亡くなると、制度上は仏教の僧侶を呼んで葬式の一切を任せなければならなかったが、キリシタンはその前にキリシタン同志の間で簡単な儀式を秘かに行った後、仏教の僧侶を呼んで葬式をした。これはキリシタンにとって心痛むことなので、僧侶が読経するとき、密室で「読経消し」の祈りを唱え、悔い改めのコンチリサンを祈った。死体は仏教式で火葬し「戒名」という仏教名をもらうのだが、キリシタンの墓にはこの戒名と共にキリシタンの洗礼名を刻み入れるか、あるいは戒名を一切墓に刻まないなどで抵抗を現した。またキリシタンの間には「水注ぎ」「水」と呼ばれる洗礼が守られていた。長いキリスト教禁教時代に洗礼が続けて行われたという事実は、実質的にキリシタンの存在を可能にした。潜伏キリシタンの組織を固めたのは、この洗礼によるものであると考えられる。キリシタンが多い村では、ほとんどの村人が洗礼を受けたという。

それにしても長い暗黒の歴史の中で偽装してキリスト教信仰を維持できたのは、表面上の大胆な妥協によるだけでなく、村人がほとんど隠れキリシタンだったので、互いにかばいあい、隠しあったためである。彼らは聖書と聖遺物を大事に保存したが、保存しきれなくなると、仏像を崇拝しながら、マリアやキリストを思うことにした。観音、弥勒、釈迦、阿弥陀菩薩像などは、慈悲深い仏の姿を表現したものだが、キリシタンたちはこの仏像の後ろに、あるいは仏像と共に、マリアやキリストを想像したのである[45]。

このような厳しい禁教時代の潜伏キリシタンたちの信仰や生き方を、今日の自由な立場で批判するのは可能だろうか？ 宣教師や神父がいなくなり、外部との一切の連絡が途絶え、自らの力で生きていかなければならなくなった時、民衆の知恵が絞り出した一つの信仰形態として認めるのは可能である。問題は、初期の偽装が長い間習慣化され、本装になってしまったことである。元来宗教的混合に弱い日本人の精神性とあいまって、完全な神仏混合に陥ったのが隠れキリシタンである。彼らは復活することが不可能だった。いや、それより、復活する必要を感じなかった。彼らが復活できなかった根本的な理由は、偽装の過程がだんだん深くなり、偽装を本装だと考えてしまったことである。

その他の理由として、まずいわゆるキリシタン復活時代はまだキリスト教禁制時代であって、復活したキリシタンも迫害を受けるほどであったので、信仰の勇気を持って自らを現すのを恐れた。二番目は潜伏キリシタンたちには各々指導者がいたが、この指導者の意向に大いに支配され、同じキリシタンの中でも集団の間に多少の反目があって、その絡み合った利害関係であえて復活できなかったグループも生じた。三番目に隠れキリシタンは秘かな伝承を継承してきたが、伝えた先祖の精神を守ろうとする意識が強かった。四番目には具体的に大浦天主堂にいるフランス宣教師が先祖七代目に待ち続けた神父と認められなかった。五番目は教皇および神父との関係が途絶えて長い期間が過ぎたために、教皇、神父との関係復帰の必然性を感じなかった。六番目はオラシオの忘却、洗礼の消滅によって、宗教性が稀薄になった。

以上さまざまな要素が行き違って、一八九二年の統計によると、長崎付近のキリシタン五万名のうち、約半数が復活し、残りは隠れキリシタンとして残り続けた。復活キリシタンが現れてすでに一〇〇余年が経っているが、隠れキリシタンは禁教時代二五〇年、宗教自由時代一〇〇余年にわたって、今後はさらに風化状態になって、だんだんキリスト教としての痕跡も残らず消滅して行くだろう。

潜伏キリシタンの項目で最後に言っておかなければならないことは、彼らに対する明治政府の迫害と諸外国の反応、キリスト教禁制の高札の撤廃などに関することである。(46)

日本は近代化に向かって、諸外国に門戸を開き、外国人が住む一定の地域での信教の自由は承認したが、日本人の信教の自由は認めなかった。江戸末期、明治維新後にもその態度は終始一貫していた。一八六五年以来、復活キリシタンが現れ、彼らの活動が公になると、初めは黙認していた政府も、統治上の理由で彼らを取り締まって逮捕し、獄に入れ、ついにはキリシタンがいない日本の他の地域に分散して追放する手段を取った。

問題は一八六七年に浦上のキリシタンがこれ以上自分たちの葬式を仏教の僧侶に任せられないと言って、それまでの強制的な風習に抗議したことが発端になった。徳川の最後の将軍である慶喜は、初めはこれらの動きに理解を示し、浦上信徒たちには仏教式の葬式を除外するかに見えたが、[47]政界雰囲気の転換によって六四人が長崎に連れて行かれ取り調べを受ける羽目になった。大村でもキリシタン迫害が始まり、一一〇人が囚われ、大人と子ども一〇人が殉教した。

一八六八年になっていっそうキリシタンの取り締まりは厳格になり、諸外国からキリスト教迫害に対する抗議を受けながらも、一八七〇年までキリシタンが多い五島、浦上、長崎のキリシタンたちは日本の各地に強制移住させられた。彼らは故郷から追放され、家族と離れ、仏教徒の監視を受けながら、強制的に背教を強要された。あらゆる困難を経て一八七三年に帰郷するまで、多くの人が命を失った。浦上だけでも三四〇〇余人が追放されたが一八七三年三月には二〇〇〇人に満たない人が帰ってきただけであった。[48]

その間六六〇人が死亡した。キリスト教迫害に対して諸外国が強力に非難したので、一八五〇年代に外国と結んだ不平等条約を是正した時、キリスト教迫害が悪い影響を及ぼすのを恐れて、一八七三年にキリスト教禁教の高札がなくなり、公にキリスト教を迫害することはなくなった。

明治初期のキリシタン隔離政策は三、四年のことではあったが、そこから明治政府の反キリスト教的態度を知ることができる。ここでは諸外国公使の抗議内容と明治政府要人のキリスト教観を述べることにしよう。[49]

まず明治政府側の立場。キリスト教は外国の宗教で、日本は日本独自の宗教がある。神道と仏教が日本人の宗教で、いまいきなり外国の宗教であるキリスト教を受け入れるなら、神道、仏教徒の反発を買って反乱が起きる可能性がある。仏教も元々は外国宗教であったが、天照大神を信じることにおいては同じである。

キリシタンは外国の神父に騙され、帝(天皇)の宗教に服従しない。天皇こそ天照大神の直系で、官吏たちは天照大神の御心を行うのにもかかわらず、キリシタンは天皇と官吏のことばに背を向けている背反者だ。もし彼らがキリスト教を捨てて天皇の宗教に戻ると誓うなら、ただちに迫害を中断し、帰郷が許される。

なぜ強制移住をするかというと、まず彼らが政府の命令に従わないで問題を起こすためであり、次に宣教師の影響から離すため、三番目に犯罪人がキリシタンの中に入り、信徒と偽装するために取り締まるのが困難であるなどの理由がある。

本来はキリシタンというだけでも死刑に処すべきなのに、外国の非難を考慮して、移住させ、そのうえ土地、住宅を与え、よい待遇をするのだから、決して刑罰だといえない。西欧のキリスト教史を調べると、キリスト教は多くの悪を行ってきた。キリスト教が入ることによって、平和よりは戦争が起こる例が多い。フランス公使はキリスト教を保護するために軍隊を送ると脅迫したが、これらのことが我々にいっそうキリスト教を警戒する契機を与えることになる。キリスト教とは結局、征服、占領、侵略の宗教ではないだろうか？　とにかくいまキリスト教が許されるなら、神道を基本にしている政府は立つことができない。自国の政府が法に従って国民を罰することに対して、外国は干渉すべきでない。

外国使節の抗議内容。われわれが抗議するのは、内政干渉ではない。宗教の問題は真理問題であるから、普遍性を帯びた人間全体の問題である。キリスト教はヨーロッパ文明国にはすでに受け入れられた国民の宗教であるから、キリスト教迫害がヨーロッパの国民に伝えられた時、日本人との友好に大きな支障をきたすことになろう。

公使側。「キリシタンは傲慢で、いうことを聞かない」というが、具体的にどんな悪いことをしたのか？　政府は単純にキリシタンだという理由だけで、彼らを追放してしまった。キリシタンが背教さえすればすぐ許す、という政府の態度にそれが如実に現れている。キリシタンを分散してよい待遇をし、彼らも喜んで移住したというのは完全な作り話で、我々が調べたところによると、衣食住にも事欠くありさまで多くの死傷者が出ている。死刑にしなかったことを政府の考えではよい待遇の例だというが、西洋人の考えでは故郷を離れ家族とバラバラにされるのは、死刑と同じくらい残酷な刑罰である。早急にキリシタンたちを故郷に帰し、家族と共に生きられるようにし、獄中のキリシタンを釈放しなければならない。政府はキリスト教を許すとすぐ反乱が起きるかのようにいうが、明治維新ですべてが再組織される時、困難にぶつかっていく勇気なしにどうするつもりなのか。キリスト教が入ると反乱が起きると思っているなら、一度試してみたらどうだろうか？　日本はキリスト教を迫害して何を得ているのかわからない。将来を思うなら、迫害を中止しなければならない。もしそうしなければ、日本の将来は危ないと思う。

以上見たように、旧封建制度を打破し、新しい日本の近代化に力を注ごうとする明治政府も、キリスト教に対しては旧態依然の宗教観を持っているのがよくわかる。明治政府の古い宗教観は後の宗教行政にも反映され、その影響をもろに受けたキリスト教もさまざまな試練に直面しなければならなかった。

（4）日本の伝統思想とキリスト教

キリスト教思想が日本の伝統思想とは異質なものであったにもかかわらず、一五四〇年代から一六四〇年代までの日本の近世が始まったほぼ一世紀にわたって、大名から庶民や女性、子どもに至るまで幅広く受け入れられた。結局、一時期隆盛したキリスト教は、中央集権的封建体制が完成されると邪宗門という名が付けられ、思想や制度上存在しなかったかのように日本の近代史から消されてしまった。

これは日本の悲劇[50]に違いないが、一方日本は政治、経済、社会、思想のあらゆる面において、まだキリスト教を受け入れるのに未熟であったことを証示する。そうだとしても、外来思想であるキリスト教が日本の土壌にどのように土着しようとしたのか？　日本の価値体系をどのくらい変えたのか？　日本の政治体制に対してどのくらい危険思想だったのかを考察する必要がある。前述のキリスト教迫害と諸要因においては主に迫害およびキリスト教禁制に至る政治的要素に焦点を合わせたが、ここでは思想面を検討することにする。

ザビエルが日本に来た時、日本に対して抱いていたイメージは、インドや東南アジアのポルトガルの植民地とは違って、高度の文化を持ち、国民は知識欲に燃え、すべての男女が読み書きができ、学問的水準も高い[51]というものである。したがって日本の宣教にはとくに優秀な宣教師が派遣されなければならないと言い、宗教的文書による伝道にいち早く目を向けたのである。

一五四九年から一年間ザビエルは鹿児島に滞在し、教理書を作成し、ヤジローの助けでマタイによる福音書を翻訳し、仏教を研究した。このような日本文化に順応しながら宣教しようという考えは、その後日本に来たイエスズ会宣教師たちに継承され[52]、とくに一五八九年にヴァリニャーノが巡察使として日本に来ることによって、鮮明に打ち出された[53]。

ヴァリニャーノは日本でのキリスト教宣教が困難に逢着した時、三度にわたって日本に来て日本の教会を指導した。彼のように当時の日本を正しく理解し、政治から文化、風習に至るあらゆる分野に学問的分析を加え、それに対処し、融合点を発見し、多くの困難にもかかわらず大きな成果を得た人物は、他には見あたらないだろう。信長、秀吉、家康と変わるそれぞれの時代に対処しながら、順境にも逆境にも判断を誤らず、ザビエルの偉業および精神を継承し、日本の教会を指導した彼の遠大で緻密な計画と果敢な実践がなかったら、日本の教会の困難は倍加しただろう[54]。と同時に、キリスト教文化も日本文化史上にほとんどその存在を現すことがなかったであろう[55]。

彼は宣教師たちに日本語の勉強と文化研究を勧め、将来は日本人が日本の教会の指導をするように、日本人聖職者と信徒の訓練に力を注いだ。彼の提案で有馬と安土にキリシタン子弟のためのセミナリオを設置し、府内にコレジオを設置して聖職者養成に努力した。臼杵にノビシアドと呼ばれる聖職者再訓練の場所を作ったことなど、巨視的で組織的に日本宣教を展開したことがうかがえる。

一五九〇年以後は彼らが持ってきた印刷機を使用し、キリスト教文書[56]を続けて出版すると同時に、それらを教科書として作って学ばせた。教科内容はキリスト教やラテン語だけでなく、日本の文化、科学、道徳、体育、音楽の各方面にわたっており、それらは当時日本に存在した最高学校として恥ずかしくないものであった。

イエスズ会の教育目標は日本人をヨーロッパ人のようにしようとするのではなく、日本人が持っている長所、特性を生かしながら、日本人が持っていないキリスト教精神とヨーロッパ文化を教え、さらに調和のとれた人間として均衡のとれた日本人聖職者および信徒を養成することであった。これらの教育機関で訓練を受けた日本人は、司祭、修士、平信徒として宣教師を助け、迫害がひどくなって宣教師がいなくなると、その代わりに教会を指導する役割を果たした。

一時三〇～四〇万に達した日本人キリシタンがどのような動機でキリスト教を受け入れ、どのような信仰内容を持っていたかは興味深いことである。これについては直接言及した文章がほとんどないので、外面的に現れた信徒たちの信仰態度から推測するしかない。まず、どの社会階層でキリスト教を受け入れたかといえば、戦国時代の実力優先時代に自ら生きる道を開拓して登場した新興武士があげられる。いわばキリシタン大名と呼ばれる武士たちで、彼らはキリスト教で発見した自由、世界性、合理性に引かれ、伝統思想からの脱皮を試みた。

もちろん、キリシタン大名の中にはたぶんにポルトガルとの貿易をねらい、現世的利益を追求するためにキリシタンになった人もいただろう。彼らは利益がなくなると信仰を捨てて、秀吉、家康による中央集権的封建制度の中で、かえってキリシタンを弾圧する立場に立った人も少なくなかった。二代目のキリシタン大名の中にこのような現象が多かった。秀吉や家康によって棄教を要求されると背教する大名を転び大名という。武家体制によって成立した封建制度下で、庶民よりも大名や武士の方が信仰を維持するのが困難であったのは当然である。

その中で、最後までキリスト教信仰を守り、武士の資格を剥奪され日本から追放された高山右近、内藤如安などに、キリシタン大名のモデルを見ることができる。信長が右近の高槻城を引き渡さなければ宣教師やキリシタンを迫害すると脅迫した時、右近は信徒たちを守る方を選んですんなりと城を開け渡すと言った。秀吉や家康も右近の態度には敬意を表したが、それだからこそ、それまでの日本の伝統思想にはなかった人間像、すなわち、キリシタン大名たちが主君、城、家などに関係なく信仰に没入した態度を恐れたのである。まことに深い信仰の中で生きた何人かのキリシタン大名が存在したのは幸いなことである。

キリシタン大名の領地内では、半強制的に、あるいは大名の人格的感化によってキリシタンになる者が多かったと思われる。実際、庶民がキリシタンの中軸をなし、キリスト教文化を受け入れたため、キリスト教は貧しい人の宗門だと呼ばれるほどであった。封建制度の重圧にあえぐ下層の民は、キリスト教が与える新しい人間観に魅せられ、受け入れた。

特に、女性たちの入信は特記すべきことだが、有名な細川ガラシア夫人[57]から、間引き[58]の対象になっていた女子まで、人間の価値を初めて認められ、キリシタンになった。

長崎近郊で集団改宗した零細農民、漁民たちが迫害にも耐え、さらに長い禁教時代にも潜伏キリシタンとして信仰を守ってきたという事実は、キリスト教信仰が庶民層に深く浸透したことを物語っている。さらに、堺などの新興都市の商人、村人たちの入信[59]もめざましかった。彼らは貿易による利益の他に、キリスト教が持つ新しい思想に生き甲斐を発見したといえよう。キリスト教を受け入れた社会層は、上から下まで幅広く広がったが、多数をなした無名の庶民層が、日本のキリスト教を担ったといえる。

彼らの信仰内容はどのようなものだったのか？　宣教師たちが日本に来て初めて感じたことは、日本人の心を支配していたのは仏教であること、そして日本人は仏教の僧侶を尊敬していたという点である。したがってザビエルが日本に来て以来、イエズス会の神父たちは日本人の精神を支配している仏教に順応しながら、同時に仏教を退けキリスト教を伝えるという困難な問題を実行しようとした。

浄土宗の阿弥陀仏の絶大慈悲に対する信仰が、キリスト教の救済観を伝える媒介になった。当時の宗教用語としては仏教語しかなかったので、イエズス会は大胆にキリスト教用語を日本人に理解しやすいように仏教用語を借りて説明しようとした。

たとえば、大日（神）、浄土（天国）、僧（神父）、解脱（救済）、仏法（律法）、慈悲（恩恵）などである。後になって、やはり仏教概念から脱皮しなければならないことを知り、ラテン語、ポルトガル語をそのまま使用するようにし、キリスト教文書にはそのまま日本語化されたラテン語やポルトガル語が残っている。ゼウス（神）[60]、パライソ（天国）、パードレ（神父）などである。

神父たちはどこに行っても仏教の僧侶の攻撃を受けたが、神父たちも公的、私的な場所で仏教徒と宗門論争を自発的に展開した。この論争にはポルトガルの神父たちより、補佐官役の優秀な日本人であるロレンソ、ダミアン、ハビアン[61]などが参加した。信長の前でのロレンソと仏僧日乗との大論争[62]は有名である。

論争の中心になったのは、ゼウス論、アニマ論であった。創造神であり唯一神であるゼウス（神）は、日本の精神的伝統には存在しなかっただけに、この創造神信仰だけで論争のほとんどを占めた。さらにこの創造神信仰がキリシタンを引きつけた場合が多いという[63]。

アニマ論は魂の救いを説明することである。当時の仏教は宗教的教化力を失い、いたずらに政治権力と迎合して利権を求める実情だったので、仏僧の中でもキリスト教に入信する者がかなり出てきたようである。キリスト教文書を日本語に翻訳した人は、ほとんどが仏僧出身者たちだった。

イエズス会は早くから教理書の作成に力を注いだが、いま残っている一五九一年に刊行された『ドチリナ・キリシタン』(キリスト教教理)[64]は、キリスト教の重要な教理、規律、祈禱などの解説をわかりやすく説明したものである。司祭間の問答形式で、使徒信条、主の祈り、十戒などを説明しているこの本は、たぶんすべてのキリシタンの必読書だっただろうし、多くの部分は暗唱された。キリシタンの信仰を純化し、殉教に至るまで信仰を維持させたのは、実にキリスト教文書による徹底した教育のおかげであると言えよう。現存している代表的な文書として『パッショの概念』(一名、ポントスの経とも呼ばれる、心霊修業の本)、『丸血留の道』(殉教の心の準備。背教を警戒した本)、『妙貞問答』(仏教、神道との比較とキリスト教護教書、不干ハビアン著)などがある。

キリシタンが教理教育を受け、日本の伝統思想にはない確固たる思想を持つようになったのは、統治者にとってはいまいましい問題であった。教理教育から啓発され、自ずと身に付いた価値観は、人間平等観[65]、厳格な道徳性[66]、ユニバーサルな教会に連結されているという世界性の意識[67]、貧しい人や迫害されている人に対する愛[68]、切腹の否定[69]、権力より道理の重視[70]、神の御心に背くと判断されたときには主君の命令にも不服従[71]、殉教精神[72]などである。

日本の思想の中で、このような価値観を明らかにした思想は、キリスト教を除いてはなかった。キリシタン禁制は、政治、経済的側面からの理由があるというが、より根本的にはこの思想が中央集権的封建体制思想に逆らって挑戦するものと、執権者たちには思われたためであった。権力者側は力でキリスト教思想を封鎖すれば十分だったので、キリスト教思想と真摯な思想的対決はしなかったと言ってもいいだろう。[73]

幕府は政治的解決の後も、仏教、儒教、神道などの御用学者にキリシタンを攻撃する本を書かせるようにした。いわゆる「排耶書」[74]という一六二〇年代以後の著作である。『破提宇子』（背教した修士不干ハビアンの本）、『破吉利支丹』、『対治耶執論』、『南蛮寺興廃記』などがあるが、このどれもがキリシタンが姿を隠した後に出た本で、相手がない独白に過ぎない。内容はほとんどキリスト教が日本の伝統的宗教である仏教や神道を崇拝しないで、神仏の化身である統治者に服従しないということである。仏教、神道、儒教が混然一体化した思想をなし、キリスト教思想に対決しようとする様は、興味深い。

とにかく、キリスト教思想は一六世紀中盤から一世紀にわたって花開こうとしたが、花も蕾ももぎとられてしまった。しかし、キリスト教は意識または無意識の中に、日本の復古神道、儒教（特に陽明学）にも影響を与え、ひいては明治維新以後の近代化の過程に貢献したと見る人もいる。[75]

註

1 ザビエルに関しては、古田小五郎『ザヴィエル』吉川弘文館、一九五九年がある。この本の中には西欧のザビエル研究に関する紹介もある。Georg Schurhammer, Franz Xaver, sein Leben und seine Zeit, Freiburg, 1955が最も詳しい。

2 Richard H. Drummond, A History of Christianity in Japan, Eerdmans, 1971

3 Otis Cary, A History of Christianity in Japan, I, Tuttle, Tokyo, 1975

4 イエズス会の宣教方策は後にドミニコ会、フランシスコ会などの宣教政策と衝突し、ついにいわゆる礼典問題を起こし、中国、日本でのキリスト教が追放されるにいたったのは周知の事実である。
5　古田小五郎、前掲書
6　悲劇は、ヤジローがキリスト教迫害の時、信仰を捨て、再び海賊商人（倭寇）になって中国沿岸で活躍したようであり、後にそこで殺害されたという。Otis Cary, 前掲書
7　大道寺を神父たちに与えるという命を大内義隆が下した時、西方から来た僧侶、神父たちが「仏法を発展させる家を探すために」と広告したという。初期のキリスト教はしばしば天竺から来た仏教の一派だと考えられた。Otis Cary, 前掲書。教会も仏教式に大道寺と呼んだ。平戸の教会も天門寺と呼ぶ。
8　和辻哲郎『和辻哲郎集』角川書房、一九五四。海老沢有道『日本キリシタン史』塙書房、一九七一
9　ザビエルと共に日本に来て、豊後、大村、島原に布教したトルレス、日本語をほとんど完璧に学び、隠れた初期の日本の教会の成立者と呼ばれるフェルナンデス、京都伝道に力を注いだヴィレラ、オルガンチノ、豊後に病院を建て、貧しい人と病人を世話したアルメイダ、日本文化の研究に没頭して、キリスト教伝来当時の歴史である『日本史』一―五巻（東洋文庫に日本語訳）を書いたフロイス、ザビエルの精神を受け継ぎ、いわゆるイエズス会の伝道方式を固めたヴァリニャーノなどがあげられる。
10　ザビエルが二度目に山口に行った時、彼の感化で信徒になったロレンソは、その後宣教師たちを助けてキリスト教を弁護した。ロレンソの本名は知られていないが、琵琶法師だという。
11　Drummond, 前掲書。海老沢有道、前掲書
12　特に大村純忠、有馬晴信の領内ではこのような現象が起きた。Otis Cary, 前掲書
13　仏教が地方領主と手を組んで、信長に反対する勢力になったため。
14　和辻哲郎、前掲書
15　Otis Cary, 前掲書
16　Otis Cary, 前掲書
17　海老沢有道、前掲書

18　片岡弥吉『隠れキリシタン』ＮＨＫシリーズ、一九七五

19　海老沢有道、前掲書

20　和辻哲郎、前掲書。秀吉に関する宣教師たちの観察

21　文禄の乱とキリスト教に関しては、閔庚培『韓国基督教史』基督教書会、一九七二。呉允台『日韓基督教交流史』新教出版社、一九六八。山口正之『朝鮮西教史』雄山閣、一九六七。Dallet, Histoire de L'EGLISE de Corée, 1874など参照。戦争に参加したキリシタン領主、従軍神父セスペデス、朝鮮人捕虜、捕虜に対する扱い、日本における捕虜たちの信仰などに関してはもっと研究する必要があると思うが、ここでは省略する。平田都、田村襄次『おたあジュリア』中央出版、一九六九年。小西行長夫妻によって育てられ、関ヶ原の戦いの後は徳川家康の夫人の侍女になった朝鮮籍を持つおたあの奇遇な信仰生活が書かれている。家康のキリスト教禁止令と共に、江戸の南の孤島大島、新島、神津島に流されて信仰を守り、島の人々に尊敬され、今も大滝姉大明神として日本人にあがめられている事実は興味を引く。

22　十字架刑は、キリスト教が日本に入ってはじめて実施された処刑形式で、この時が初めてだったようだ。Otis Cary, 前掲書

23　矢沢利彦『中国と基督教』近藤出版社、一九二七は、ほとんどこの典礼問題に焦点をあわせている。英文では Latourette, A History of Christian Mission in China, London, 1929以下に詳細に記録されている。

24　Otis Cary, 前掲書

25　海老沢有道、前掲書

26　Otis Cary, 前掲書にはキリスト教邪宗門に関する民間伝承が紹介されている。その中には諸国の侵略説がある。

27　Otis Cary, 前掲書に引用されている説。『長崎三〇〇年間史』一九〇二によると、オランダ人はこの踏絵の式を行うようにとの要求を受け、一八五六年まで踏絵を行ったという。

28　小西行長、小早川秀家はキリシタン大名として有名。もちろん徳川の側についたキリシタン大名もいた。

29 海老沢有道、前掲書

30 キリシタンを発見して告発する人には懸賞金を与える賞訴人、五人一組になって互いに監視し、中で一人でもキリシタンだと判明すると全員が連帯責任を負う五人組連座、踏絵、宗門人別改なども、キリシタン監視を徹底する制度だった。

31 Léon Pagés, Histoire de Religion Chretienne an Japan de puis 1598, Jusgúe 1651, Paris, 1869は『日本キリシタン宗門史』上・中・下、岩波文庫、古田小五郎訳。ここに秀吉から家光までの殉教記録が詳細に書かれている。

32 教会資料、地方資料に残っている殉教者の数は一九五六年ラウレスの調査で四〇四五人だったという。教会、地方資料に残っていない殉教者の数も多かっただろう。

33 東京国立博物館に長崎で作った一〇枚が現存している。

34 片岡弥吉、前掲書には十字架刑、斬首、雲仙地獄責め、火刑、穴つり、獄死、水攻勢、溺死などの殉教の形態をあげている。これらの拷問および処刑は「殺す」とか「見せしめ」よりは転向させ、背教させる目的であった。

35 遠藤周作『沈黙』新潮社、一九六六。韓国語訳もある。

36 Otis Cary, 前掲書。カトリック教会史家は彼が後に悔い改めたという。彼は澤野忠庵という日本名を与えられ、日本の夫人を得た。

37 Drummond, 前掲書

38 スペイン船舶の入港禁止は一六二四年、ポルトガル船は一六三九年

39 階級社会の中で、人間平等思想の芽生え、武士道の報復主義に対する非報復、武士の割腹を自殺として罪悪視したことなどは、封建社会において危険思想としてみなされざるを得なかった。

40 片岡弥吉、前掲書。この神父は小西行長の子孫だという。キリシタン殉教はこの後にもあったが、一六五七年長崎、大村、平戸などではキリシタンが発見され、六〇八人が逮捕され、約五〇〇名が殉教したと伝えられる大村崩れ、一六六〇年の豊後では豊後崩れなどがある。明白にキリシタンとして検挙され迫害され殉教した

のは一六六〇年代に終ったという。

41 一般的にクリスチャンを「キリシタン」(吉利支丹)と呼んだが、後には軽蔑する意味で「切支丹」とした。「鬼理死貪」ともいった。

42 「キリシタンの復活」に関してはOtis Cary, 前掲書。片岡弥吉、前掲書

43 ここでの著述はほとんど片岡弥吉の『隠れキリシタン』によるものである。

44 聖画像を踏むときには聖画が汚れないように前もって足をきれいに洗ってから踏んだ。そして踏んだ後は家に帰ってコンチリサン(悔い改め)の祈りを暗誦し、罪の赦しを請うた。

45 復活しないで隠れたキリシタンを「離れ」「古い」「昔」キリシタンと言って、復活したキリシタンと区分して呼んだ。

46 この項目は主にOtis Cary, 前掲書による。

47 浦上の八〇〇世帯中、七〇〇のキリシタン家族を仏教式葬儀から除外する命令が下った。

48 「転んだもの」即ち背教した人には帰郷を許した。背教して浦上に戻った帰郷者の数は五〇〇人という。

49 フランス、イギリス、ドイツ、アメリカ、オランダなどの外交官の抗議と日本側の政府の問答はOtis Caryの本に比較的詳細に紹介され興味深い。

50 和辻哲郎『鎖国――日本の悲劇』筑摩書房、一九五〇

51 彼らは伝え聞いた京都の足利学校、比叡山、高野山の仏教大学などを、フランスのパリ大学に匹敵するものと考えたようである。

52 例えば、教会の名前を仏教の寺と似た大道寺、南蛮寺、天門寺などとつけ、廃寺を集会場として使用した。また宣教師は仏僧の袈裟を着て歩いたりした。これをみた一部の人たちは、キリスト教を天竺から入った仏教の一派だと考えた。中国に行ったイエズス会の宣教師たちは日本での例にならって仏教僧侶の袈裟を着て宣教しようとしたが、中国人の嘲笑を買い、儒教服に変えたのは有名な話である。

53 ヴァリニャーノが日本に来た頃、イエズス会の布教長だったカブラルはザビエルが意図した方法とは反対に、

日本人および日本文化軽視の宣教方策をとろうとしていた。自らも日本語を学ばないし、また日本人にもラテン語、ポルトガル語を教えないで、一人で孤高の権威主義的態度で宣教に臨んだ。ヴァリニャーノがカブラルを退けたのは当然なことである。

54 一五七九～八二、一五九〇～九二、一五九八～一六〇三年の三回

55 海老沢有道、前掲書

56 『ドチリナ・キリシタン』（キリスト教教理）など、キリスト教文書として印刷されたものは四五〇点を超えるという。

57 一般的には細川ガラシャ夫人というが、彼女は信長を倒した明智光秀の娘で、細川忠興と結婚し、後にセスペデスから洗礼を受け、ガラシア（恵み）の洗礼名をいただいた人である。秀吉、家康のキリスト教弾圧の中でも信仰を守ったのは有名な話である。歴史小説で三浦綾子の『細川ガラシア夫人』主婦の友社、一九七五がある。

58 「間引き」というのは、女子が生まれると必要ないということで、すぐ殺すことである。男尊女卑の残忍な風習であった。宣教師たちは間引きを禁じ、間引きの対象になった子どもたちをもらいうけ育てたこともある。

59 堺の巨富、日比屋了珪は有名。小西行長は堺で薬問屋をしていた。

60 日本では中国のように「天父」ということばをほとんど使わなかった。

61 「不干ハビアン」という。護教書『妙貞問答』を書いた。後で背教し『破堤宇子』という批耶書を書いた。セスペデスとともに朝鮮に来た修道士の中に「不干」という名前があるが、たぶんこの「ハビアン」のことであろう。

62 和辻哲郎、前掲書

63 海老沢有道、前掲書

64 『キリシタン書　排耶書』（日本思想大系25）岩波書店、一九七〇

65 貧富および地位にかかわらず、人間は神の前で救いを必要とする罪人として平等であるとの観念

66 一夫一婦制を守り、妾を持った人たちには洗礼を授けなかった。離婚禁止。武士の中では十戒の中、第七戒だけ神父たちが少し寛大に解釈してくれればキリシタンになれるという人も多かったという。Otis Cary, 前掲書

67 島国で閉鎖性のある日本人に、世界的視野を見せたのは文字通りカトリック教会（公教会、全体教会という意味）であった。殉教と潜伏の二五〇年間、外部との連絡が途絶えたが、キリストの体の枝であるという意識は二五〇年後ローマ教皇から神父を要請するエネルギーを与えたのである。H・チースリク「キリシタン書とその思想」（『日本思想大系25』の解説）

68 孤児院、養老院施設、ハンセン病者収容、貧しい人の葬式を受け持つ。

69 キリシタン大名の小西行長は割腹が自殺行為なので出来ないと言って、絞首刑を受けた。

70 勝つこと、権力を取ることが唯一の目標であった戦国時代に、劣勢だと知りながらも力より真理を貴重に考え、自ら権力者の側につかなかったキリシタン武士たちの態度などをいう。家康と石田三成との関ヶ原（一六〇〇年）の戦いで石田側に加担したキリシタン武士などはその例である。

71 家康夫人の世話をしていたおたあは家康が背教を勧めるのを拒否して、あえて島に流された。細川ガラシア夫人、高山右近、その他の信仰に徹したキリシタンは数え切れない。

72 「殉教者の血は新しい信徒の種子」というテルトリアヌスのことばを文字通り信じた。

73 キリシタン邪宗門、キリシタン奪国論は権力者側が作り出したキリシタンを攻撃する宣伝文句に過ぎない。

74 『日本思想大系25』、前掲書。「南蛮寺興廃記」だけは『東洋文庫14』、平凡社に記録されている。背教した神父ペレイラが書いたといわれる『懸為録』は残されていない。

75 Drummond, 前掲書

四　初期プロテスタント史

すべてのプロテスタント教会史の教科書は、一八八九年あるいは一八九〇年を境に教会の成長が停止した、と記している。その原因は反動的国家主義の台頭によって、キリスト教伝道が困難になったからである。教会が再び活気を取り戻したのは一九〇〇年代に入ってからであるが、明治初期の活気とは、その質と量ともに異なっていた。一九〇〇年代以後のキリスト教は、明治初期のような歴史形成に関与する姿勢を見せることはなかった。この初期の歴史がその後の日本の教会の性格と方向を形成したと考えられるので、ここでは日本のプロテスタントの原形として、主に一八九〇年代までの初期プロテスタント史を紹介することにする。

（1）初代の宣教師たち

西欧キリスト教世界の東洋に対する関心は、まず中国にあった。中国にはすでに一八〇七年、ロンドン宣教会がモリソンを派遣し、日本の開国、宣教が始まろうとした一八五八年頃には、すでに一〇〇人に近い宣教師が中国で活動していた。中国にいた宣教師たちも本国の宣教会も、次の宣教候補地は日本であると信じ、またそれを願っていた。初期に日本に来た宣教師のほとんどが中国で経験を積んできた人たちであったのは、日本の宣教が中国の宣教との関連の中で行われていたことを示している。

アメリカやイギリスの教会では、日本での宣教の門が開かれるように、熱い祈りが続けられた。祈りだけでなく、宣教準備のための献金も捧げられていて、(1) 実際には漂流民の返還を口実に、日本の門戸を開放させようとする交渉もあった。一八三七年、アメリカの船モリソン号は六人の日本人漂流民を乗せて日本に向かったが、日本は漂流民返還の代価としてキリスト教を許すことを要求されるのを恐れて、六人の漂流民を引き受けることを拒否した。

実際この船船には三人の宣教師が乗船して、創世記、マタイ福音書、ヨハネ福音書の中国語訳の一部を日本人に手渡したのである。長い鎖国政策の夢から覚めようとしていた日本は、プロテスタントとカトリックの区別もできないまま、日本にキリスト教が伝来されれば従来の日本の価値体系が破壊され、二〇〇余年前の島原の乱のような反乱が起こるとして、キリスト教には特に神経を尖らせていた。一八五四年にペリーが来て日米和親条約を締結した時にも、日本側は宗教条項に大変神経を使い、アメリカの条文に条約締結の日が「主イエス・キリストの年（西暦）一八五四年」となっているのを無視して、自国の年号だけを記載するほどだった。しかしペリー一行の中にはチャプレンをはじめ、後に日本での宣教を夢みたG・ジョーンズが参加していて、浦賀に入港した三日目に主日礼拝を守り、一人の船員が突然死亡すると、横浜で日本人が見守る中でキリスト教式の葬儀を厳守した。これは一種の示威行使でもあった。[2]

日米和親条約に従って、一八五七年末にハリスが来日し、翌年日米修好通商条約を締結し、この中に宗教条項が挿入された。ハリスはペリーよりもキリスト教的生活を守るのに厳格だった。[3]彼はオランダが日本の鎖国の中で唯一の修交国家でありながら、二三〇年間踏絵を黙認していたことを悔しく思っていた。結局ハリスの抗議で、踏絵の廃止が約束された。この条約に従って、一八五九年、自国人の信仰生活を助けるという名目で、六人の宣教師が開港した神奈川、長崎に入った。名目はどうであれ、実際は日本でのキリスト教宣教を準備するために来たのである。

彼らはアメリカの聖公会のウィリアムズとリキンズ、改革教会のフルベッキ、[4]ブラウン、[5]シモンズ、長老教会のヘボン[6]の六人で、この中の四人が中国宣教の経験者であった。彼らは開港都市に留まって日本語の習得に努め、英語を教えながら医療奉仕をし、聖書の翻訳に着手するなど、将来の宣教のために万全を期した。彼らとの接触で初代日本のクリスチャンが生まれた。

アメリカは特に優秀な宣教師たちを日本に派遣したので、彼らは日本の宣教だけでなく日本人全体に偉大な影響を及ぼしたと評価される。明治政府、地方の政治家たちも宣教師を招いて教育を任せるほどであった。後になって政府が招いた外国人教師も来ることになるが、初期には宣教師以外の外国人教師がいなかったので、彼らの役割は大きかった。

この六人以外にも、日本の初期キリスト教史に名前がよくのぼる宣教師として、横浜公会のバラ、熊本バンドの主導者ジェーンズ、札幌バンドの主導者クラークなどがいる。宣教師の資格であれ、教師の資格であれ、あるいは医者の資格であれ、日本に来たアメリカ人宣教師は優れたフロンティア精神を継承した、純粋なピューリタンであった。[7]

宣教師たちの背後には本国の各教派があったが、限られた開港都市でしか宣教が許されなかった日本という土壌では教派を超えて協力して宣教するのが望ましいと判断した。それに、日本人に教派を強制するのは妥当でないと思ったので、可能な限り各々の教派を主張することなしに一致協力して働いた。そして早く日本人教職者を養成して彼らが日本の教会を指導できるようにし、日本の教会の自立、自治、自伝を薦めた。[8]

このような宣教師たちの賢明な宣教方法は、一八七二年に横浜で成立した初めての教会である横浜公会にも現れていた。後から来日した個性的な宣教師たちによって、教派の分離が主張されることもあったが、おおむね本国の教派をそのまま日本に直輸入して植え付けることには極めて慎重であった。各教派出身の宣教師たちは心と力を合わせて教育事業、聖書翻訳、[9]讃美歌作成などに尽力した。

日本に来た宣教師は圧倒的にアメリカ人が多かったし、[10]次にイギリス人、カナダ人、ドイツ人の順だった。したがって、日本の教会はアメリカの宣教師の影響を強く受けたといえる。アメリカ宣教師の影響として信仰面で特記することは、信仰の個人主義的傾向、リバイバリズム、[11]根本主義神学、厳格なピューリタン的道徳観などがあげられる。一方、彼らは教会観が薄弱であり、日本の土着文化を軽視し、カトリックへの批判的態度[12]をとるなどの弱点を持っていた。とにかく、二五〇年の長い間キリスト教邪宗門の教育を受けた日本人は、アメリカ宣教師を見て初めてキリスト教に対する態度を変えはじめた。一八八〇年代になっては、西欧化風潮が流行り、宣教師たちが居住するところには人々が密集してくるほどだった。

宣教師たちがアメリカの自由な伝統を身にまとい、自由、平等、博愛、民主主義、個人尊重を説き、楽天的で明るい性格を持って日本人に接したことによって、当時の状況では多くの人々がアメリカ人に好感を寄せた。[13] 明治政府が条約改正に全力を注いでいた時、宣教師も日本政府と同じ立場で、治外法権撤廃、関税自主権獲得において日本政府を支持したので、「宣教師は外国帝国主義の手先」との観念が薄れた。

アジア教会史において宣教師の功罪がしばしば論議されているが、[14] 日本の場合には初めから宣教師の代わりに日本人指導者が教会を主導し、宣教師はその日本人教会を背後から助けるという立場だった。宣教師が日本の教会を左右するまでいかなかったので、宣教師の功罪を論じる余地もなかった。

日本の神学界に決定的な影響を与えたドイツ普及福音宣教会の日本伝道に関しては、日本の神学を扱う項で再論するが、彼らは日本に本格的チュービンゲン学派の聖書批判学を紹介し、それまでのアメリカ人宣教師の根本主義的洗礼を受けた日本の神学界を動揺させた。ドイツ普及福音宣教会の組織は小さなものだったが、知識欲が旺盛な日本のキリスト者に与えた影響は絶対的だった。彼らが紹介した聖書の高等批判によって信仰を失い教会を離れる者もいた反面、アメリカ人宣教師と離れて日本の神学を開拓していくよい足場になった面もある。当時日本のキリスト教界指導者の中に、この聖書の歴史的批判の関門をくぐり抜けなかった人はいなかったといっても言い過ぎではない。

(2) 初期日本のキリスト者と教会の形成[15]

一般的に日本の教会の性格として、都市中心のインテリ教会、神学的水準が高い教会など、中国や韓国教会の性格と比較して論議されているが、このような日本の教会の性格はどのように形成されたのであろうか。前述したように、宣教師たちは開港都市という制限された地域に居住しながら、洋学を求めて来た士族出身の若者たちと接触することができた。明治維新の政権闘争に破れた藩の士族が、再起の夢を抱いて新しい知識を求めてきたところが、宣教師の家だった。宣教師たちは日本人に対する宣教は公に行わなかったとは言え、地理、歴史、科学を教えながら、自然にキリスト教に接触させることをためらわなかった。また、新約聖書とアメリカの憲法を英語の教材として引用し、キリスト教を説明することもあった。とにかく、没落した士族たちが洋学を学ぶ中でキリスト教に入信したというのが、初代日本キリスト者の入信動機だった。

一八七二年までキリスト教禁教の高札が撤去されていなかったので、それまでは信仰を告白して洗礼を受けることは、命をかけた重大事だった。しかし、この間、長崎に五人、横浜に一二六人と、合計一三一人の受洗者が現れた。日本の最初の信徒は一八六五年一一月に洗礼を受けた矢野元隆だった。

日本の初期教会の発生において三つのバンドは有名である。バンドとは盟約の意味で、三つのバンドとは横浜バンド、熊本バンド、札幌バンドを言う[16]。

一八七二年の初め、横浜の外国人宣教師たちが新年の祈禱会を開催したが、これを知った学生たちが自分たちも祈禱会を持つことを願い、集まった三〇人が競って祈禱をし、悔い改め、洗礼を志願したという[17]。ここで信仰のリバイバルが起こり、三月には九人が洗礼を受け、日本で初めて横浜公会(教会)が成立した。一八七三年には成人六二人、小児一三人の会員を持つ教会になった。成人会員の約半数が士族階級出身だったが、受洗者の中には宣教師の動向を監視する仏教のスパイも二人入っていた。[18]

横浜公会の成立をどのように評価するかというのは、学説が多い。そのひとつは公会とした点を強調し、日本の教会はその出発から超教派的立場だといって、そのエキュメニカル精神こそ、明治、大正、昭和の各時期に引きつがれ、「日本基督教団」の成立にまで至ったという説である。一八七二年九月に開かれた合同宣教師会では「プロテスタント教派の分裂は偶然に生じたもので、異教圏において教派の存在は教会の合同性を妨害するのみである。それだから、今後日本に形成される教会は名称、組織など、可能な限り同一にするように努める。名称はキリストの教会で『公会』にし、[19]……」と決意し、公会主義を支持している。公会主義は宣教師たちが中国での経験や教訓から学んで日本に試験的に適用したもので、宣教師たちの賢明な教会形成の方向が提示されていたものである。[20]

横浜公会に対するこのような積極的評価に対して、一方では「公会主義」が数年に満たないうちに破綻したのを見て、超教派というより無教派の性格を帯びたものであるとの批判もある。日本の教会は発生以来、教派および信条から大変遠い存在であり、神学的であるより経験的で、教会的であるより政治的合同をしたのに過ぎないという。[21]

公会主義教会は東京、大阪に広がったが、三、四年後には教派教会が成立するようになり、結局は明治初期のひとつの実験に終わった。[22] 横浜バンドにはその後、井深梶之助、植村正久、押川方義、本多庸一のような「日本基督教会」の指導者が多く輩出した。熊本バンド出身者たちは同志社を経て、関西地方の教会指導を担ったことに比べ、横浜バンドの人たちはほとんど関東以北の教会を指導したと言える。

熊本バンドは熊本藩が一八七一年に洋学校を設立し、青年の養成に力を注ぐため、アメリカの南北戦争の時の歩兵大佐であったジェーンズを教師として招聘したことに始まる。彼は宣教師ではなかったが、キリスト教の話を隠すことなく話した。彼の教え子の中で一八七五年末から信仰を告白する者が三、四〇人に達し、祈禱会および聖書研究を通して信仰の復興が起こった。

一八七六年一月、三五人の青年たちが花岡山に登り、そこで奉教を誓約した。彼らは「われわれはいままで西教(キリスト教)を学んで、感じることが多かった。民衆は西教を知らないで頑固に昔の因習を守っているが、われわれ西教を知る者は、西教を広げることで国に報いることを誓約する」と語った。[23]

士族の子弟たちが先祖伝来の宗教を捨て西教に入信したことで、社会や家族からの迫害は大きかった。ある母親は息子の入教のために自殺する事件まで起こり、数人の者は信仰を捨てざるを得なかった。

熊本洋学校はその翌年に閉校になったが、青年たちはほとんど同志社に移っていっそう信仰の道を追究するに至った。熊本バンドの出身者の中には、教会の指導者になった人が多いが、特に小崎弘道、金森通倫、海老名弾正などが有名である。[24]彼らは同志社を中心に関西地方の伝道に尽力して、日本の三大教派のひとつである組合教会を形成し、日本基督教会(以下日基と略す)に対抗した。組合教会は日基に比べて神学的により自由で、社会に対する関心が深く、土着文化に対する関心も高かった。神学的に自由であるということは、反面、日本の国家主義に容易に融合され、[25]聖書批判が入った後は、信仰を捨てる者まで出た。

札幌バンドはクラークから始まる。札幌農学校に教師として招聘されたクラークは哲学と道徳を教えるにはキリスト教しかないと信じ、キリスト教を堂々と教えた。その中で一八七九年、学生一三人が「イエスを信じる者の契約」に署名し、洗礼を受けるようになった。札幌バンド出身者としては、内村鑑三[26]、新渡戸稲造などが有名で、独立心が強いのが特徴である。クラークは札幌を離れるとき、「少年よ、大志を抱け」という有名なことばを残した。

以上の三つのバンドが初期日本のキリスト教を代表するものであるが、その他、沼津バンド、静岡バンドなど、それぞれの地方都市での青年キリスト者の発生が続出した。宣教師と外国人教師たちは、条約によって決められた都市内での行動は比較的自由だったが、その都市を離れて旅行する時は、日本政府からのビザを必要とした。外国人教師はほとんど開港都市と公立教育機関がある地方都市に在留することにとどまったので、日本の初代キリスト者も大中都市で知識を洋学に求める若い青年士族に限られることとなった。

宣教師たちは洋学を教えると同時に中国で出版された聖書とキリスト教書籍を学生たちにたくさん与えた。その中でもマーティンの『天道溯源』が初期キリスト者に与えた影響は大きかった。儒教の教養で成長した青年たちは価値体系としての儒教体制が崩壊した明治維新前後に、外国人宣教師の高邁な人格に接して、儒教的、武士的禁欲倫理を再度キリスト教倫理の中で発見し、入信する者が多かった[27]。これらの現象は、特に陽明学と士族の知識人の中に入信者が多かったのを見てもうなずける[28]。

政治の中枢から離れた政治志向の青年たちは、キリスト教に救国、時代改革、新日本改造などの思想を発見しそのエネルギーを求めたので、キリスト教の教理と信条にはそれほど関心を見せなかった。初期はそれほど神学的な時期ではないと言われるが[29]、韓国、中国でも開花期のプロテスタント教会は、似たような事情である。日本の神学はほとんど一八九〇年以後に始まったと言えるのではないだろうか。とにかく日本の初代信徒たちは都市の青年たちだったので、農村や漁村にはキリスト教が伝播されなかった。それでも明治初期には都市から始まったキリスト教が農村にも入り、封建的農村体制の厳しさから脱皮しようとした地主や中農たちがキリスト教を受け入れた形跡があった。しかし、資本主義の発展に伴って、農村は都市中心の資本主義体制に巻き込まれて疲弊し、労働市場化した。その結果、農村の教会も衰退しはじめた。日本の教会が都市知識人教会として存続したのは、初期の教会の形態が後の教会の原形として継承されたよい例である。

韓国の教会が農村教会をその原形にしていること、婦女子がまず宣教の対象になったこととは対照的で、日本は都市インテリの男性の教会であった。もちろん今日の教会の出席者は若干女性の方が多いが、それでもほとんど男女半々のバランスを維持していて、韓国教会と比較する時、日本の教会の男性信徒が占める比率は高いと言えよう。

初期の教会では、女性は公的集会に出ないという儒教観によって、ほとんどが男性だけの教会であった。このような性格は同時に都市の労働者、商人、底辺の庶民にはキリスト教が浸透しなかったことを物語っているし、その状況は今日も変わっていない。都市の青年知識人は自然に反政府の野党性を帯び、明治政府の批判者、忠告者として存在しようとしたが、強圧的国家主義の支配下で、批判者や忠告者は受難かあるいは追従かの道を選ばなければならない結果になった。教会の野党性は今日においても日本の教会が継承している性格だと言ってもいいだろう。

また初期の教会の性格で今日まで継承されているのは、日本のプロテスタント教会には、集団改宗がほとんどなかったことである。日本のキリスト者は家族、職場、村落などの共同体から離れて一人で信仰を持つ人が多いので、韓国教会に見られる全家族や村全体の信仰というのは、ほとんど見られない。個人的改宗が基本だったので、共同体の迫害や遊離を覚悟しなければならなかった。このような状況は宣教初期に典型的に現れている。都市に信徒が多いのは、都市ではこの共同体規制が稀薄であるという事実とも関係している。

　歴史的背景の項でも説明したように、明治政府は基本的にはキリスト教に好感を持っていなかったが、条約改正のために西欧化を推進していく中で、キリスト教を黙認し、奨励する時期があった。一八八〇年代のいわゆる鹿鳴館時代がそれである。キリスト教信徒の数は一八八二年の五〇〇〇人から、一八八八年には二三〇〇〇人と、飛躍的成長をとげている。初めは公会主義で出発した日本の教会も、一八八〇年代以後には日本基督教会（長老派）、組合教会（会衆派）、メソジスト、聖公会の四つの教派が発生し、その後の日本の教会の大勢を形成するようになった。一八八〇年代には日本の教会の二大主流をなしている日基と組合の二つの教派の合同も計画されたが、成功しなかった。教派の合同は戦時中の一九四一年、政府の強制によって「日本

年　代	プロテスタント	カソリック
1865	1	――
1873	59	――
1877	836	――
1882	5,092	――
1888	23,026	35,560
1897	36,207	52,806
1907	71,813	60,395
1916	123,222	72,039
1926	162,240	86,351
1935	204,588	105,165
1942	190,447	――
1947	199,462	125,272
1957	333,135	261,454
1967	469,948	342,997
1975	794,125	388,556

信徒数の推移

基督教団」が成立するまで待たなければならなかった。

公会主義による日本プロテスタント教会の成立、教派形成と合同の試み、合同信徒大会の動向など、日本の教会は初めから「ひとつの教会」を目標にして動いていたのは確かである。その合同の試みが、戦争中の宗教団体法によって成就したことに、日本の教会の問題があったのである。

参考として、日本のキリスト教人口の成長過程を統計で見ることにしよう。[30]（八一ページの表参照）

（3）一八九〇年代の国家主義とキリスト教論争

キリスト教が日本の国体に合わないと正面から攻撃されたのは、一八九一年のいわゆる「内村鑑三不敬事件[31]」をきっかけに、大々的にジャーナリズムによって宣伝されてからである。当時の「宗教と教育の衝突」では、宗教（キリスト教）と教育（教育勅語に基づいた教育）は互いに衝突するという主張がなされた。内村が第一高等学校（東京大学教養学部の前身）の嘱託教師をしていた一八九一年一月、学校の講堂で教師、学生一同が天皇の署名が入った教育勅語に敬礼したが、ただ一人内村だけが敬礼をしなかった事件が起った。その結果、内村は不敬者、不忠な者、国賊、外国の奴隷と呼ばれ、内村に対する批判は、彼が信じているキリスト教批判に移ったのである。

内村は教育勅語をまったく否定するか、敬礼を拒否したのではなかった。彼はキリスト者としてこの敬礼があるいは宗教的行為で偶像崇拝になるのではないかと、瞬間ためらって躊躇し、深く礼をしないで浅く礼をしたに過ぎない。[32]しかし世間は敬礼拒否事件、宗教と教育の衝突事件として攻撃の矢を内村とキリスト教に向かって放った。この事件によって内村は教師の職から追放され、自分の代わりに代理を立ててもう一度深く礼をさせたのだった。[33]

内村は教育勅語は敬礼される性格のものでなく、実行されるべきものだと考えた。[34] 彼は二つのJ（**Japan**と**Jesus**）を自分の人格の中でひとつに考えていたし、彼を攻撃する愛国者以上に自分は愛国者だと自負していた。[35] その彼にとって、不忠、天皇冒瀆などと呼ばれるのは、まったく意外なことであった。自分こそ、そしてキリスト教こそ、外形的な忠孝より、まことの意味での忠孝を遂行していると信じていた。内村だけでなく初期の信徒たちは政府の中枢から追いやられたという疎外感こそ感じていたが、愛国者だという点では他のだれにも劣らないと自負していた。[36] だからこそ「キリスト教は我らの国体と合わない、我ら日本帝国を亡ぼす邪教」[37]だと言われた時、キリスト教は日本の天皇制絶対国家にも合う、日本帝国を助けるものだと応酬し、知らないうちにキリスト教自ら国体内に深く根を下ろす誘惑に陥ったのである。[38]

応酬のうち、植村正久は日基の機関誌「福音週報」の記事の中で「御真影礼拝や勅語礼拝は宗教的行為であれ、教育上、政治的ことであれ、子どもの児戯に等しいことで、当局者が独断的におろかな頭脳の妄想によって作り出したもの」[39]だと批判した。[40] この記事によって「福音週報」に発禁処分が下ったが、当時としては一番明確な正論であった。

不敬事件をめぐる一八九〇年代のキリスト教攻撃は、偶然に起ったというよりは、ある意味では当然起るべくして起ったといえる。キリスト教は当時の保安反動的国家主義のスケープゴートのような役割を強要されたのである。

一八八〇年代の過度の西欧化の後、条約改正の進展は思うようにいかなかった。一八八九年には万世一系の天皇が支配するという大日本帝国憲法が発布され、日本の方向は天皇制絶対国家、日本伝統回帰など「日本主義」に急旋回した。一八九〇年には教育勅語が出され、初等（小）学校から高等学校に至るまで、天皇制教育、臣民教育を徹底化するに至った。このように天皇至上主義の国体が固まっていく中で、キリスト教は愚かにも憲法にようやく信教の自由が明文化され、キリスト教が仏教やその他の伝来の宗教と同等に保護されるようになったと感謝し、喜んだのである。(41)

天皇は臣民に恩恵として憲法を賜ったので、「日本臣民は安寧秩序を妨げず、また臣民たる義務に背かない限りにおいて、信教の自由を持つ」という憲法第二八条の信教自由条項は「安寧秩序」、「臣民の義務」によって縛られたものであった。この憲法発布と同時に、キリスト教は安寧秩序、臣民の義務の条項によって正面から総攻撃を受ける羽目になった。攻撃の代弁者は、東京帝国大学の哲学教授井上哲次郎であった。

彼のキリスト教攻撃の重要な論点は、「キリスト教は国家を主に思っていない、忠孝を尊重しない。世間を軽視する。その博愛は無差別である……」などであった。これらの批判は新しいものというより、キリシタン迫害当時のキリシタン邪宗観、あるいは明治維新前後のプロテスタントに対する邪宗観(42)とほとんど一致した、儒教的観点からの批判であった。

井上は内村不敬事件だけでなく、キリスト者による反国家的事件をいくつかあげ、「耶蘇教は唯一神教で、天照大神やいかなる仏も決して尊敬しない。キリスト者が教育勅語の精神に自らを含めて言っているのは、キリスト教の教えを曲げて、わざわざ同化するのに過ぎない。キリスト教は元々が非国家主義的だ」[43]と言ってキリスト教の本質を突いた攻撃をした。

中国や韓国においても伝来の儒教の価値観から、キリスト教が忠孝を説かない、君主を崇めないという批判を受けたが、弱小派のキリスト教は反論してキリスト教の忠孝を証明して見せ、徐々に体制下の論理に巻き込まれてしまった例が多かった。近代のアジアにおいても国家主義への同一化がキリスト教に求められた時、キリスト教は同一化を自ら選んで、結局は国家主義に巻き込まれた事例がある。いまだに、日本、中国、韓国において、キリスト教の非国家主義的性格、非国民的性格の契機は見られない。この問題は将来解決しなければならない難問になるであろう。

一八九〇年代のキリスト教攻撃によって、信徒数は激減し、ミッション・スクールに登録する学生も少なくなった。国家主義的な保守反動の支配に加えて、キリスト教内ではドイツ神学の影響を受け、根本から動揺が始まり、信仰のエネルギーを失っていった。教会自体も分裂を繰り返した。外国に留学していた人たちも日本に帰国し、いわゆるキリスト教国と呼ばれる西欧諸国は、倫理、道徳の面においてそれほどキリスト教的でないことを指摘した。優秀な青年たちは次々と政府や国家機関、あるいは企業に吸収され、教会には来なくなってしまった。それに加えて、日本伝来の仏教、神道の勢力が力を伸ばしてきた。このような諸要因に囲まれて、キリスト教の成長は遅延することになった[44]。

しかし、キリスト教成長の遅延に関しては、消極的批判だけでなく、積極的な面もあげられる[45]。まず、時代の流れに沿って多くのキリスト者は教会から離れ、本当のキリスト者だけが教会に残るようになった。二番目に文化、政治面からの開花の道具ではない、キリスト教独自の領域や使命を再確認するに至った。三番目に教会から離れたクリスチャンは、社会、政治面でのキリスト教に対する理解を持ったものとして存在した。四番目に数の上での成長の問題性が考慮された。

日本のキリスト教がもう一度回復の契機を摑もうとしたのは一九〇〇年以後だったが、それまでは一八九〇年代の反国家、非国家という攻撃の脅威を常に受け、一八九四年の日清、一九〇四年の日露戦争が起るや、キリスト教は国家への忠誠を現す絶好の機会とし、これらの戦争を是認して積極的に協力した。日本の教会の劣勢コンプレックスから出た愛国運動への積極的参加は、第二次世界大戦中にも見られる。日本のプロテスタント史の中で数人の非戦論者は、たとえ時代の厳しい批判を受けたとはいえ、今日においてもその真理的契機は決して失われていない。

註

1 一八二三年三月、アメリカのブルックリンで開かれた祈禱会で、すでに日本の宣教のための献金が捧げられていた。Otis Cary, A History of Christianity in Japan

2 Otis Cary, 前掲書

3 カール・クロ『ハリス伝、日本の門戸を開いた男』東洋文庫6、平凡社、一九六六

4 オランダ系アメリカ人、政府機関で教育を担当し、明治政府に対しては顧問としてアドバイスした。日本滞在四〇年。Drummond, A History of Christianity in Japan には「日本近代史の中で最も影響力が強かった外国人」と書かれている。

5 ユニオン神学校卒業。宣教師の中でブラウンが最も神学的教養があり、聖書翻訳に大きな貢献をした。高谷道男編訳『S・Rブラウン書簡集　幕末明治初期宣教記録』日本基督教団出版部、一九六五

6 医療宣教師、聖書の翻訳にも貢献、日本滞在三三年。「彼ほど日本人、外国人から尊敬された人はない」Otis Cary, 前掲書

7 日本では医療宣教師の役割が中国や韓国に比べてそれほど大きくなかった。
8 Drummond, 前掲書
9 新約聖書は一八七九年、旧約聖書は一八八八年に出版された。
10 一八八二年には全宣教師二二六人のうち四分の三はアメリカ人。Winburn T. Thomas, Protestant Beginnings in Japan, Tuttle, 1959
11 一八七二年の横浜公会の成立、一八八三~八四年のリバイバルは宣教師の影響によるもの。
12 カトリックは“Corrupted Christianity”と言い、プロテスタントは“Gospel in its Purity”と言った。
13 一八八三~八九年の西欧化、キリスト教ブームを見て、日本は二、三〇年のうちにキリスト教国になるだろうと信じた宣教師たちが多かった。
14 例えば、韓国のネビウス方法の功罪、中国の宣教師と帝国主義との結託に関する功罪など。
15 この項に関しては、小沢三郎『幕末明治耶蘇教史研究』日本基督教団出版局、一九七三。『日本プロテスタント史研究』東海大学出版、一九六四。隅谷三喜男『近代日本とキリスト教』新教出版社、一九六一
16 ベラ、ブラウン、ヘボンをいう。
17 片子沢千代松『日本新教百年の歩み』日本YMCA同盟、一九五七
18 スパイの一人であった安藤劉太郎の記録が小沢三郎、前掲書にある。
19 山本秀煌『日本基督教会史』一九二九、復刻版、一九七一
20 海老沢有道、大内三郎『日本キリスト教史』日本基督教団出版局、一九七〇
21 土肥昭夫『日本プロテスタント教会の成立と展開』日本基督教団出版局、一九七五
22 固有名詞。長老系教会、一八七七年に「日本基督一致教会」と言ったが、一八九〇年「日本基督教会」と改称した。
23 海老沢亮『日本キリスト教百年史』日本基督教団出版局、一九五九
24 American Board of commissioners for Foreign Missionsと関連してアメリカから帰国した新島襄(同志社創立者)

が「組合教会」の設立者の一人である。
25 組合教会は総督府の手先になって朝鮮伝道をしたと言う。
26 内村の入信に関しては"How I became a Christian?"に詳述。韓国語訳ある。
27 内村の本の中にはキリスト教の立場で武士道を高く評価したものがある。新渡戸稲造『武士道』岩波文庫、一九〇五、一九三八も参照の価値あり。
28 小川圭治編『日本人とキリスト教』三省堂、一九七三
29 Drummond, 前掲書
30 『キリスト教年鑑』キリスト新聞社、一九七六
31 内村の不敬事件に関しては小沢三郎『内村鑑三不敬事件』新教出版社、一九六一に詳述
32 小沢三郎、前掲書
33 内村は孤軍奮闘の戦いに疲れ、病気になり、代理にお辞儀をさせた。
34 土肥昭夫『内村鑑三』日本基督教団出版部、一九六二
35 小沢三郎、前掲書
36 内村の墓碑に刻まれている。"I for Japan : Japan for the World : The World for Chri t : And all for God"は彼の愛国と信仰を如実に表している。
37 小沢三郎、前掲書
38 特に自由神学の洗礼を受けた組合教会の牧師たちの間には「日本的キリスト教」を主張し、国家主義的イデオロギーとキリスト教の同質性を主張した人たちが多かった。
39 天皇の写真
40 小沢三郎、前掲書からの再引用
41 山本秀煌、前掲書
42 明治初期のプロテスタント批判に関しては Otis Cary, 前掲書Ⅱ。山路愛山、前掲書にある儒学者安井息軒の

『辨妄』などを参照

43 山本秀煌、前掲書、クリスチャンの御真影冒瀆事件をあげている。

44 英文には日本キリスト教において一八九〇年代を遅延（retardation）の時期と言っている。

45 Winburn T. Thomas, 前掲書

五　キリスト教と社会主義運動

（1）戦前のキリスト教社会主義

ロシア革命以前（一八九五～一九一七年）

日本は明治維新以来、天皇絶対主義国家体制の下で、富国強兵、殖産興業を叫びながら、近代化を推進してきた。一八九四年の日清戦争と前後して日本の資本主義体制が確立し、日露戦争の時は軍・財閥・政府の癒着によって、労資の激しい対立が生じた。労働者たちのストライキが一八九三年天満紡績を皮切りに、至る所で起きた。[1] 横山源之助は一八九九年基督教出版社から『日本之下層社会』という本を出して、労働者たちの悲惨な状態を暴露した。

これに先立って、一八七五年に創立された同志社英学校では、比較的自由な神学的立場で社会に対する関心を学生たちに喚起した。これは新島襄とラーネッド教授の影響と言えよう。ラーネッド宣教師は一八七八年からキリスト教自由主義の立場で、政治学および経済学を講義し、資本主義の分析、資本主義が持っている社会矛盾などを指摘した。一方、社会主義、共産主義、無政府主義などを紹介し、社会改良は正当な経済学と真実な博愛主義によって遂行されると主張し、この社会改良の役割をキリスト教が担わなければならないと教えた[2]。

彼の弟子である小崎弘道は一八八一年一月四日の「六合雑誌[3]」に「近世社会党の原因を論ず」という論文を書き、ラサール、マルクス、エンゲルス、バクーニンなどの思想を紹介した。これは日本に初めて紹介されたマルクス、エンゲルスに関する文献のひとつである。続いて、一八九〇年九月、同じ雑誌に「キリスト教の新傾向」という題で、キリスト教社会主義運動について論じ、キリスト教社会主義を生活の中で実践しなければならないと力説し、「従来のキリスト教はあまりにも個人的で、肉体の面と社会的な面を無視してきた。キリスト教は個人的面と魂を救うのに終わるのか[4]」と問うた。

明治初期におけるキリスト教は、社会の落伍者たちに精神的慰めを与えた。一八八〇年代にはキリスト教の影響を受け、貧困者に対して慈善事業をする人も出た。しかし、一八九〇年代から日本の資本主義が確立するや、社会貧困はさらに悪化し、慈善事業や社会事業だけではとうてい解決できない社会悪と認識されはじめた。ここに、社会正義を叫ぶキリスト教社会主義者たちが立ち上がったのである。一八九七年、片山潜、安部磯雄などを中心にして雑誌「労働世界」が発刊され、「労働組合期成会」を結成した。翌年にはキリスト者で構成された「社会主義研究会」が組織された。この労働組合期成会や社会主義研究会に加入したキリスト者たちは、主に同志社出身の自由主義者たちであって、ユニテリアン的傾向が強かった。

ユニテリアンは元々キリスト教を平等主義、博愛主義として受け入れたヒューマニストたちで、彼らの信仰の中心がイエス・キリストの贖罪ではなかったために、後にキリスト教を離れてしまった。(5) この時代の社会主義運動を「キリスト教ヒューマニスト社会主義」と呼ぶのはこのためである。

一九〇一年、日本最初の社会主義政党の社会民主党が、主にキリスト者を中心に結成された。党員六人中、安部磯雄、片山潜、木下尚江、河上清、西川光二郎の五人はクリスチャンで、残り一人は後で無政府主義に転向した幸徳秋水であった。

社会民主党はその綱領に、人類同胞、世界平和、軍備全廃、土地と資本の国有化などを掲げた。(6) しかし、一九〇〇年に作られた治安警察法にひっかかって、結成当日に解散命令を受けた。一九〇六年には国法の範囲内での社会主義を主張して再び日本社会党を結成したが、その構成員の中にやはり片山潜、西山光二郎などのクリスチャンが入っていた。この党も次第に急進化して、長く続くことはできなかった。

片山や安部の場合のように、アメリカのキリスト教社会主義の影響を受け、社会主義運動に入った人たちは多い。片山は、アメリカのアンドーバー神学校、イエール神学校に留学したが、その時、キリスト教社会主義（Social Christianity）を学んだという。したがって初期の社会主義運動は、アメリカから導入されたキリスト教社会主義運動と言えよう。次第に社会主義運動が急進化し、フランスの唯物論およびヨーロッパの社会主義運動の影響を受けた人たちが中心になった。クリスチャンでない幸徳秋水、堺利彦などが思想的には後者に属する。この二つの路線は後に別れて、キリスト教社会主義者たちは「新紀元」という月刊雑誌を、急進的社会主義者たちは「光」という雑誌を出し、互いに競争したのである。

これらのキリスト教社会主義運動に対して、教会の主流は顔を背け協力しなかった。すでに教会員の社会層は、ほとんどが資本主義の中で中産階級で固定化されていたのである。[7]すなわち、大都市に居住するホワイト・カラー、技術者、官吏、教師、医師、ジャーナリストなどの比較的知的階級が教会の主流をなし、労働者たちと離れはじめた。教会は中産階層を擁護したからである。

教会はキリスト教社会主義者たちを指してヒューマニストだと呼び、特にユニテリアンを異端視した。一九〇〇年代に始まった大挙伝道において、その内容に対する論争が起こると、海老名弾正の自由神学を排撃し、植村正久の教会主義神学、正統神学を採択することにした。福音の純粋性を守るのにこの論争が貢献したというが、教会は結局「信仰のみ」あるいは「宣教のみ」の看板を掲げて、社会問題に対しては中立的、傍観者的態度を取った。さらに教会は社会運動に参加した人たちを「赤」だと呼び、教会から追い出してしまった。[8]彼らが教会を離れたもう一つの契機は、非戦論を主張したからである。日本の軍国主義は日清戦争、次に日露戦争を準備していたが、社会主義者はもちろん、一部のキリスト者もこれらの戦争に反対した。日清戦争の時は賛成であった内村鑑三も、日露戦争に対しては辛辣な批判を加えた。

内村は日清戦争は韓国と日本の独立のために起きた、清国の暴虐に対する義戦だと言った。しかし韓国の独立は実現しなかったし、日清戦争の結果は内村に戦争の正統性に疑問を感じさせた。その経験を通して、日露戦争の時は初めから非戦論を展開した。社会主義者と共に「万朝報」に、また個人雑誌「聖書之研究」に、義戦はあり得ないとし、徹底的非戦論を叫んだ。内村の非戦論は社会主義者とは違って、聖書的立場で展開された。内村は第一次世界大戦の時にも一貫して非戦論を主張した。内村の影響を受けた無教会主義グループは第二次世界大戦中でも日本軍国主義に抵抗した。[9]
社会主義者たちは「万朝報」、後には「平民新聞」を通して、戦争の不当性を主張した。しかし元来国家主義の色彩が強い日本の教会の主流は、日露戦争を正当化しようとした。海老名弾正、植村正久、小崎弘道、本多庸一など、当時の教会指導者たちすべてが戦争の正統性を主張した。教会の主流が戦争協力に傾いたために、キリスト教を離れ社会主義に行った人も多かったのは注目すべき事である。大杉栄、荒畑寒村らも洗礼を受けたクリスチャンであったが、日露戦争が始まると、教会の説教で聖書の句を引用して戦争を正当化し、戦勝を祈る牧師のことばに幻滅を感じざるを得なかった。理想主義的、ヒューマニスト社会主義者たちは、彼らに新しい生命を吹き込んだキリスト教が、権力に対しても毅然とした態度をとるのが当然だと思った。そして、他人を愛する精神にしたがって、戦争に反対すべきだと考えた。[10] キリスト教社会主義者たちを含めた社会主義者たちは、日露戦争の時、ロシア社会党に次のような声明書を送った。
「諸君よ、今や日露両国の政府は各其帝国的欲望を達せんが為めに、漫りに兵火の端を開けり、然れどもも社会主義者の眼中には人種の別なく地域の別なく、国籍の別なし。諸君と我等とは同志也、兄弟也、姉妹なり。断じて闘ふべきの理有るなし」[11]
もちろん日本のすべてのキリスト者が戦争を賛美したのではなかった。内村と共に、地方の無名の牧師や教会は、人々の迫害と非難の中でも平和と社会正義を叫んだ。大都市の有力な牧師と大教会は戦勝を祈ったが、地方のこれらの牧師と信徒たちは戦争に批判的だった。ここで日本の教会は二つに別れたことになる。[12] 当時の社会主義を代表する新聞「平民新聞」が地方のクリスチャンの読者をたくさん持っていた事実からも、これを推測することができよう。地方の牧師の中で、終始日本の資本主義、帝国主義、天皇制国家などに信仰を持って批判的だった牧師は、群馬の柏木義円、浜松の白石喜之助などがあげられる。このような経過を経て、都市教会の大勢は戦争支持、天皇制支持に傾き、社会主義者たちは教会に距離感を持つようになり、教会は社会批判的言論と行動力を失ってしまった。

天皇暗殺の嫌疑で社会主義者たちを一斉に逮捕、秘密裁判の結果一二人を即刻死刑にした一九一〇年の大逆事件のように、政府は社会主義を徹底的に弾圧した。一方、キリスト教に対しては回避策を巧みに使った。仏教、神道、キリスト教の三教は政府に招待され、皇運扶翼と国民道徳の振興を表明した一九一二年の三教会同がそのよい例である。[13]

ロシア革命以後（一九一七〜四五年）

この時期も前期同様、初めは賀川豊彦に代表されるキリスト教社会主義に始まり、国家の弾圧が激しくなるにしたがって次第に急進化し、最後には社会主義者の地下運動に終わった。この時期はロシア革命の影響を受けた共産主義運動が本格化し、社会主義運動は複雑になっていった。日本帝国主義は、第一次世界大戦を通して大量の資本を蓄積し、朝鮮を植民地化し、中国の侵略まで狙っていた。労働搾取によって、至る所で労働争議が起こった。先頭に立った人は、鈴木文治、賀川豊彦、杉山元治郎、安部磯雄など、キリスト教社会主義者たちだった。特に賀川は関西地方を中心に労働組合運動を展開し、一九二一年六月には川崎の三菱造船所のストライキまで指揮した。賀川もやはりアメリカの労働運動から多くを学んだのである。賀川は青年たちに『聖書』と『資本論』を読むように薦めたが、[14]彼はマルキストではなく、徹底的に階級闘争に反対し、民主的解決を求めようと努めた人だった。一九一九年に設立された関西労働同盟会の創立宣言は「……われわれはあらゆる革命、暴力、暴動と過激主義を否定する……」と結んでいる。[15]

しかし、このような社会主義運動は、右翼反動勢力と左翼共産主義の攻勢の間に挟まれ、左翼化か右翼化のどちらかにならざるを得なかった。結局過激な直接行動派が勝利を得て、賀川とキリスト者の運動は理想的、非現実的という非難を受けるようになった。彼はそのような社会主義の傾向に幻滅を感じ労働運動から離れるが、スラム街伝道、農民組合運動、協同組合運動、神の国運動[16]を通して、終始一貫してキリスト教的立場で社会運動に献身した。前期のキリスト教社会主義者たちはヒューマニスト的キリスト者たちだったので、結局キリスト教信仰から離れてしまった。賀川の場合は、贖罪愛、十字架などの福音の本質を社会運動の中心においたので、前期の運動とは性格を異にしたと言える。[17]

この時期のキリスト教社会主義運動として一九三一年に起きたＳＣＭ（Student Christian Movement）運動が注目される。この運動は主に東京では立教、早稲田、関西では同志社を中心にした学生運動であった。立教の菅円吉、同志社の中島重などが代表的人物であった。彼らは従来の個人的信仰の形態を批判し、現代はキリスト教が社会化する時期だと主張した。神の国の共同的完成のために、プロテスタンティズムの個人的傾向を止揚し、社会結合本位の「社会的キリスト教」としての第二の宗教改革が必要だと力説した。[18]彼らは雑誌「開拓者」を通してラウシェンブッシュの翻訳をはじめ、自分たちの主張を発表した。「キリスト教社会化の理論」（菅円吉）、「神と共同体」（中島重）、「イエスの宗教とマルキシズム」（今中次麿）などが主要な論文であった。この運動もやはり急激化し、共産主義化してしまい、結局学生たちの逮捕で終わりを告げた。

賀川の運動であれ、ＳＣＭ運動であれ、教会はこれらの運動に参与しようとしなかった。教会は逆説的にバルト神学の影響の下で、社会主義運動を自由主義ヒューマニズムと排斥し、神のことばに集中して福音の純化を試みたのである。日本の場合、福音の純化は教会の社会参与を故意に回避したことになってしまった。教会が社会問題を信仰の問題として真摯に扱わなかった点は、反対に日本の国家になんの批判もなく従って行ったことを意味する。

日本共産党はロシア革命以後、一九二二年に結成された。共産主義運動は一種の思想運動であったために一九二〇年から三〇年代にわたって、マルクス主義の学者や著書がたくさん現れた。三木清、戸坂潤、船山信一、河上肇などの哲学者、経済学者たちはマルクス主義紹介に大きな貢献をした。『資本論』は一九二四年に完訳、『マルクス・エンゲルス全集』は一九二八〜三五年に出版され、比較的早く紹介された。戦前の日本共産主義の特徴は、理論的、思想的、観念的であって、大衆化されなかった。三木清はマルクス主義者であると同時にパスカル研究の権威者であったし、小説家亀井勝一郎、椎名麟三などもやはり一時共産党に入党したが、国家の弾圧下で宗教に転向したのも、そのような状況を十分に説明している[19]。

国家権力は一九二五年の治安維持法、二八年の治安維持改正法を制定し、国体に合わない人たちを取り締まった。教会ははじめ共産主義者と社会主義者が唯物思想、無神論、反宗教的であったために、彼らを取り締まる国家の政策を黙認した。治安維持法が改正された時、赤色分子を取り締まる法は教会とは関係ないと考えたが、後で戦時中にこの法が教会を取り締まるようになった[20]。

宗教団体の統制やキリスト教の直接的弾圧は、共産主義運動を根絶した後の一九三七年以後に始まった。結局キリスト教は社会主義、共産主義者の弾圧が始まった一九二〇年代に唯物思想を否定したために、国家権力と共に共産主義一掃の一端を担ったと言えよう。しかし数年後、キリスト教も社会主義、共産主義と共に、同じ運命に陥ってしまった。[21]

戦後になってはじめて、日本の教会は戦前の国家権力との妥協が大きな過ちであったことを悟った。社会主義者および共産主義者たちは獄中で苦難を受け、多くの犠牲者を出したにも関わらず、教会にはそのような人が少なかった。当時、キリスト者として恥ずかしくなく生きたとしても、共産主義者たちの獄死を聞いた時、自らの生き方を反省せざるを得なかったという。[22] 今後、キリスト教と志を異にする人たちの思想と自由のためにも教会は努力しなければならないとの結論がここで出るようになった。[23] いろいろな違いがあるにもかかわらず、解放直後の韓国教会のキリスト教出獄聖徒と、日本の社会主義者の出獄者は共通の面を持っていたと言える。

（2） 赤岩栄牧師の共産党入党問題[24]

この問題は、一九四九年一月に東京の日本基督教団代々木上原教会の牧師赤岩栄が共産党に入党を宣言したことで問題になったことをいう。赤岩は高倉徳太郎の感化を受けたバルト派の神学者だった。赤岩は二つのK、すなわちカール・バルトと、カール・マルクスを支持すると言った。信仰はバルトで、社会的実践はマルクスでいくという意味である。

敗戦後自由を得た共産主義者たちは活動を開始し、一九四九年一月の国会選挙では三三人の当選者を出した。彼らはこの流れに乗って数年以内に日本を赤化できると固く信じていたという。このような雰囲気の中で、共産主義であると同時にクリスチャンだという人が数人出てきた。しかし彼らはほとんどこの両面性の中で、実際はどちらかに属さざるを得なかった。(25) 赤岩牧師の入党理由は次のようである。

「唯物論者、無神論者である共産党員に伝道するためには、自ら共産党員にならなければならない。私は共産主義者に対して責任を感じる。……私は彼らに福音を語る責任を委託されている。それが果される時、今日の共産主義の反面の過誤ははじめて是正されるであろう。今日の教会こそ、ほとんど労働者階級を閉め出しているのだから(26)……」

このような意味で、共産主義者たちのための宣教の使命を「異邦人のための使徒パウロ」にたとえた。教団の正教師が牧師の資格を持ったまま共産党に入党するということで、教職者たちだけでなく、一般信徒たちの間にまでいろいろと物議をかもした。この問題に対する教団の態度もはっきりしなかったがために、結局はうやむやになり、教団の包容性、寛容性に対して辛辣な批判が起った。(27) 一九四九年二月一〇日に、日本基督教団総会議長の名前で、次のようなメッセージが発表された。

「主に在る全国の教師、信徒各位

最近赤岩栄牧師が共産党に入党の決意を表明したが、これは誠に遺憾のことである。だが氏はまだ入党したのではない。われわれは、氏が一日も早く自己の誤謬を悟り、其の決意を翻さんことを祈ってやまない。

基督教と共産主義とは、其の本質ならびに実践の原理を異にしていて、両者は到底相調和するものではない。われらの主イエス・キリストはあらゆる人生問題の十全な解決者にいましたまうから、現実の問題に関しても究極的には敢て他の師を必要としない。われわれは此の際、各位が、世の風潮に動さるることなく、ますます『この外別に救あることなし』との確信に立ち、救主キリストに対する忠誠を完うするよう力を効されんことを切望する。[28]」

赤岩牧師は一九六四年に『キリスト教脱出記』を書いて、再び教団の中で物議をかもしたが、六六年一一月に召天した。彼は常に眠っている日本の教会に問題提起をし、覚醒させた人として記憶されるであろう。それでも彼は最後まで日本基督教団の牧師であったし、教団は自発的辞任を勧めたが、強力な態度はとれなかった。この問題は教団が持っている教会性の問題を暴露した。

この問題で見られるように、牧師までも共産党に入党した戦後の教会の雰囲気は、日本の独特な事情でもあった。教団の中でもある程度赤岩牧師に対して同情的な日本の有力な牧師たちがいたのも事実である。[29]

(3) 戦後平和運動のための社会主義者たちとの共同闘争

前述したように、戦前の日本軍国主義に対して最後まで明白に抵抗したのは、社会主義者たちと共産主義者たちであった。そのために彼らに対する弾圧も厳しかった。一九四五年の敗戦とともに、政治犯として囚われて獄にいた三〇〇〇余人が釈放された。そのほとんどが社会主義者、共産主義者たちであった。彼らは敗戦とともに解放を迎えたのだが、解放を待たずに獄死した人も少なくなかった。出獄した人たちは、自分たちだけが戦争責任を追及できる人だと自負した。このような点も、韓国の出獄聖徒に似ている。

一九四六年一月一日、長い間神話の中で生きていた天皇が、自分は神ではなく同じ人間だという、いわゆる人間宣言をした。共産主義者たちは天皇制に対して長い間攻撃してきたので、彼らの主張が実証されたことになる。一九四六年の国会議員選挙では、社会党から九二人、共産党から五人、四七年には社会党から一四三人、共産党から四人の議員が選出された。四九年には社会党の四七人に比べて共産党が増えて三五人の当選者を出し、保守党と共に四大政党のひとつになった。このことで、共産党も民主的議会を通してその主義を主張するとしてコミンテルンの批判を受け、国内ではいわゆる主流派と国際派の党内分裂闘争が起こった。

一九五〇年を期して東西陣営の対立はますます悪化し、朝鮮戦争が起きると、日本占領軍司令官マッカーサーの命令で、共産党の重要幹部たちが公職から追放された。その後、国内対立と国際情勢の変化のため、共産党自体は日本において信任を得ることができなくなった。共産主義者たちは一九五七年のスターリン批判、同じ年のハンガリー事件を通して決定的打撃を受け、国際路線の無条件の追従に対する批判が出ると、日本での主体性ある共産党、国民に愛される共産党に転向しはじめた。戦後の日本が次第に社会福祉国家として変化していく中で、共産主義者たちの階級闘争理論は通じなくなったためである。彼らはいわゆる共産主義者たちの主体性論争を経て、教条主義を捨て大衆化の道を求めようと努めた。共産主義者たちは多数者獲得による日本の赤化がほとんど不可能であることを知り、少数でありながら労働運動、平和運動で他の進歩的団体と協調する方向に出たのである。[30]

一方、野党勢力の中心であった社会党は、一般都市知識層の支持を得て比較的安定した勢力を確保し、与党の牽制政党としての役割を担った。日本のキリスト教も社会層から見て都市の中産知識人たちを中心に構成された関係で、選挙の時、社会党ないし民主社会党などの野党に投票する人が多かった。また与党および社会党に対する牽制勢力として共産党に投票したキリスト者もなくはない。

日本のキリスト教会が社会参与をする場合、共産党の場合と同じように、クリスチャンの増加によるキリスト教的社会参与はほとんど不可能なので、キリスト教的立場に立って、時には他の平和運動団体と肩を並べて参与するようになった。その意味で日本の教会は労働運動、平和運動などで進歩勢力と共に共同闘争をする機会が多くなった。日本の教会が階級性を主張し革新勢力と密接な関係を持つということは、教会が保守勢力と結託した場合と同じく、問題性がないわけではない。

註

1 隅谷三喜男『日本資本主義とキリスト教』東大出版会、一九六二

2 海老沢亮『日本キリスト教百年史』日本基督教団出版部、一九五九。基督教学徒兄弟団刊『近代日本とキリスト教　明治篇』創文社、一九五六

3 一八八〇年から東京基督青年会が発刊した雑誌

4 海老沢亮、前掲書

5 『近代日本とキリスト教　明治篇』

6 片子沢千代松『日本新教百年の歩み』日本YMCA同盟、一九五七

7 隅谷三喜男、前掲書

8 工藤英一『日本社会とプロテスタント伝道』日本基督教団出版部、一九五九

9 前東京帝国大総長矢内原忠雄がその例。内村に関しては、土肥昭夫『内村鑑三』人と思想シリーズ、日本基督教団出版部、一九六二。矢内原忠雄に関しては藤田若雄『矢内原忠雄』教文館、一九六七
10 隅谷三喜男、前掲書
11 『近代日本とキリスト教　明治篇』
12 隅谷三喜男、前掲書
13 『近代日本とキリスト教　明治篇』
14 『近代日本とキリスト教　大正・昭和篇』創文社、一九六六
15 隅谷三喜男『賀川豊彦』日本基督教団出版局、一九六六
16 隅谷三喜男、前掲書
17 『近代日本とキリスト教　大正・昭和篇』
18 『近代日本とキリスト教　大正・昭和篇』
19 『近代日本とキリスト教　大正・昭和篇』
20 雑誌「福音と世界」一九六一年八月号、新教出版社
21 「福音と世界」一九六七年五月号
22 「福音と世界」一九六七年七月号
23 「福音と世界」一九六一年八月号
24 日本基督教団史編纂委員会編『日本基督教団史』日本基督教団出版部、一九六七。東京教区史編纂委員会編『東京教区史』日本基督教団東京教区、一九六一
25 『近代日本とキリスト教　大正・昭和篇』
26 「福音と世界」一九六七年六月号
27 『東京教区史』
28 『日本基督教団史』

29 『近代日本とキリスト教　大正・昭和篇』
30 西谷啓治ほか『戦後日本精神史』創文社、一九六七

六　日本の教会の朝鮮伝道

日本のプロテスタント教会はアジアの被宣教教会に属し、外国の宣教師から福音を学んでからようやく一二〇年になるか、ならないかの若い教会である。しかし、日本の教会は比較的はやい時期から外国宣教師側から離れて、独自の教会形成をしてきた。教会の自立性を測定する尺度として、教会の海外宣教を考えるのもひとつの考えであろう。日本の教会に海外宣教のようなものがあったのだろうか。一言でいうなら、ほとんどなかったと言わざるを得ない。

日本の教会は、朝鮮、台湾が植民地化されていた時、植民地にいた日本人を対象にした植民地伝道をしたが、純粋に現地の人たちを対象にした伝道はほとんどしなかった。さらに植民地以外に、純粋に福音を海外に伝えるということはまったくなかったといっても言い過ぎではない。現地人を相手に現地語で伝道した例は、旧満州と蒙古に伝道した熱河宣教のグループ(1)、朝鮮ではプリマス兄弟団に属する乗松雅休(2)、韓国名で田永福と呼ばれる織田楢次(3)などがいるだけである。これら現地人を対象にした現地語による福音伝道は、日本キリスト教史においては画期的なことであったが、決して日本の主流教会が支援、派遣したのではなく、単独になされたのである。日本の教会の朝鮮伝道というのも、大きな時代的流れとしては植民地伝道という背景を持っていたので、台湾、旧満州での伝道と比較して研究しなければならない[4]。しかしこのような広範囲な研究はまだなされていないので、ここではいままでの研究成果を基礎に、「日本の教会の朝鮮伝道」にだけ焦点を合わせて考えることにする[5]。

一九三〇年代後半の基督教年鑑によると、朝鮮の諸都市に六〇余カ所の日本の教会、伝道所があった。釜山、馬山、大邱、光州、郡山、全州、大田、京城(ソウル)、平壌、海州、砂利園、新義州などの都市には、日本基督教会、組合教会、メソジスト教会の看板を掲げた教会が必ずひとつずつはあった。聖公会、救世軍も在留日本人を相手にした教会を持っていた。

日本の教会の朝鮮伝道といっても、具体的には植民地に住んでいた日本人伝道が主なものであったので、本質的には日本の伝道の延長に過ぎなかったし、外国人としての朝鮮人への伝道ではなかった。朝鮮は当時日本の植民地になっていたし、日本の教会は内地、外地ということばを使用して区別はしていても、朝鮮伝道を日本という範囲の中にある外地伝道と把握していた。朝鮮にいた日本の教会は表面上は朝鮮人伝道を考えていたが、実状は在留日本人が相手であった。この本音と建前の差が終始日本の教会の朝鮮伝道に現れた。一九一〇年の日韓併合の後、朝鮮に事件が起るたびごとに、日本の教会の朝鮮人伝道が強調されたが、結局はその時々のかけ声だけで終わり、朝鮮人には手が伸べられない状況だった。

西洋人宣教師の伝道に代わる日本人による朝鮮人への伝道論は、一九一〇年の日韓併合、一九年の三・一独立運動、三〇年代の神社参拝強要問題など、いろいろな事件が起きるたびに、真摯に内地、外地教会で展開された。しかし、組合教会が日韓併合以前から三・一運動に至るまで総督府の援助を受け朝鮮教会を吸収し、教勢を伸ばした例を除いては、日本人による朝鮮伝道は実ることがなかった。日本の教会の朝鮮伝道は、韓国の国運が傾いて、日本に強制的に吸収された一九〇〇年代の初めから始まり、日露戦争で一時中止されたが、一九一〇年の併合以後、本格的になされたのである。日本の主流教会であった日基、組合、メソジストなどが継続して朝鮮に牧師を派遣し教会形成をしていたが、なかでも特異なのは組合教会である。

組合教会の朝鮮伝道に力を注いだので有名なのは渡瀬常吉であった。(6) 渡瀬は一八九九年にソウルに京成学堂を設立し朝鮮人子弟の教育に従事し、一九一〇年以後、伝道に専念するようになった。それまでの朝鮮での経験が、伝道事業にいろいろな面で作用した。渡瀬のそれまでの実績が評価され、総督府との関係で多額の援助があった。

渡瀬は福音伝道を掲げていたにもかかわらず、過度に総督府の歓心を買い、総督府の同化教育に協力したことで、後に組合教会内部から批判を受けた。彼が関係していた数十の朝鮮の教会も、三・一運動の中で失われてしまって、渡瀬の朝鮮伝道は失敗に終わったといっても言い過ぎではない。

組合教会の朝鮮伝道は一時、日基、メソジスト教会の不振な伝道に比べて、成功裏に進行するかのように見えた。外国ミッションの教会行政干渉と保守的神学に反対した朝鮮の自由教会と呼ばれる教会が、全羅道、平安道を中心に存在していたが、これらの諸教会が組合教会に合流した。一九一九年の統計によると、日基、メソジスト教会数が一〇に満たないのに比べ、組合の教会は五九を数える。それが一九二一年に七教会にまで減ったのは、三・一運動を経た教会の民族感情が組合教会に留まることを許さなかったためであろう。日本の組合教会と手を切った朝鮮の教会は、一九二一年以後「朝鮮会衆基督教会」と名称を変え、独自の路線を歩もうとしたが、結局長老教会かメソジストに吸収されるか、あるいは解散してしまった。

日本の教会の朝鮮伝道に関するもう一つの錯覚は、一九三〇年代後半から敗戦までの「内鮮一体」による教会合同および総和であった。西洋の宣教師が一人一人後を追って帰国の道を辿ると、日本の教会は今度こそ朝鮮伝道の絶好の機会が来たと考えた。長老教会も一九三八年の総会で神社参拝を議決し、朝鮮の教会も自ら日本の教会に接近してくるかのように思われた。日朝の教職者たちが合同して、朝鮮基督教連合会を作り、両教会の融和を提唱する集会がたびたび開かれた。一九四三年、ついに朝鮮の教会は「日本基督教朝鮮長老教団」「日本基督教メソジスト教団」と改称され、一九四五年に「日本基督教朝鮮教団」が成立することによって、両国教会の合体が名実共に実を結んだかのようにみえた。日本の教会の朝鮮伝道が完成されたようにみえた瞬間、敗戦によってすべての夢が壊れ、朝鮮内にいた日本の教会は、他の多くの団体同様、消滅した。

朝鮮諸都市に教会をおいた、日基、組合、メソジスト諸教会の朝鮮伝道には、他の民族、違う文化、言語という現実認識が欠如していた。それは日本の総督府の植民地統治に助けられた同化論、皇民化論であったために、民族意識が強かった朝鮮人に事実上伝わらなかった。

日基と組合教会の伝道論には多少の差があって、日基は組合の総督府との結託を批判し、楽観的同化論を取らずに比較的慎重論を唱えたが、一九三〇年代後半になると、日本の国内同様、日基も組合と同じ論調を取った。一九四四年に出された「日本基督教団より大東亜共栄圏に在る基督教徒に送る書翰」

は日本の恥ずかしい誤った朝鮮伝道論、「大東亜共栄圏」伝道論の標本であった。その反省から、一九六七年の「第二次大戦下における日本基督教団の責任についての告白」が出なければならなかった。日本の教会の朝鮮伝道は建前と本音、理論と実践、夢と現実の差があまりにも大きかったので、失敗に終ったと言えよう。朝鮮伝道は韓国近代史に起きたさまざまな事件に対する日韓両国キリスト者の理解の相違に起因していると言える。以下、日本の教会の代表として、日本基督教会の主張を要約してみる。[7]

日韓併合以前から、日基は韓国教会の成長の驚くべき早い速度とダイナミズムに心を引かれていた。特に一九〇七年のいわゆる大復興(リバイバル)に対しては羨ましいほどだったと言っている。韓国の教会の量的発展はいいことだと言いながらも、知的発展は日本の教会の協力なしには成しとげられない、輸血療法的治療が必要だと言う。反面、韓国教会に根強く現れる反日的態度にも驚いていた。日本のマスコミで外国人宣教師が背後で反日感情を操作していると報道したことに関しては、日基はこれを否定した。反日的態度は韓国人自身のもので、亡国の悲運を嘆くのは当然のことだと解釈し、ある程度の理解を示している。しかし一九〇九年、韓国のカトリックの青年安重根がハルビンの駅頭で伊藤博文を射殺した時、日基は「暴徒の毒手」に倒れた伊藤公に哀惜の念を表し、大業の半ばで死去した伊藤はリンカーンに比べられると言った。日基は安重根がカトリック信徒であることを否定している。これは韓国の「大韓毎日新報」が当時の記録を詳細に報道し、「義士安重根」とためらわず呼んだことと対照的であった。一九一〇年ついに韓国が日本に併合された時、日本の大多数の国民感情は、この事が日本と韓国両国にとって共に喜ばしいことだとした。日基の人たちもイスラエル民族が神の約束によってカナンの地を得たように、いまついに日本は韓国の親権者として韓国を治めるに至ったと記述している。

日本人キリスト者に根強く流れている武士道的国家主義がこのような主張をさせたのであろうか。日基の代表的存在であった植村正久は、果たして日本の韓国統治が韓国の進歩と自由発展に寄与できるかどうか、日本の責任は重大だと言い、自重して統治に臨むことを勧めた。同時に、韓国キリスト者の中に亡国の悲運を嘆き、独立を主張し反日的態度を見せる者もいるが、これは将来の韓国を考えると、日本の武士道精神から見ても偉いと賞賛することで、嘆くことではない、と日基の新聞「福音新報」に書いた。この新聞は日本の政府によって発売禁止にされてしまった。日基の総督政治批判は、一九一二年の一〇五人事件、一九年の三・一独立運動が起るやいなや、相当厳しいものがあった。この二つの事件に対しては、いち早く外国の報道機関が詳細に事件の内容を日本に伝えたが、日本の報道機関は報道管制によって相当な時間が経た後に、しかも政府の見解を伝達するのに過ぎなかった。

組合教会はそれまでの関係があったためか、このような事件に対して総督府と近い立場をとり、「不逞鮮人の騒擾」として朝鮮人に責任をとらせることが多かった。それに比べて、日基の論調は日韓併合時の楽天的親権論とは違って、一〇五人事件に現れた拷問政治、三・一運動で暴露された野蛮な武断政治、それにいわゆる日本精神ということに非難の目を向けている。

水原の堤岩里教会で起ったことを迅速に正確に報道したのも日基の「福音新報」であり、これを契機に徹底して総督政治全般を批判したのは、朝鮮の郡山に在留していた日基牧師、鈴木高志であった。

ソウル在留の秋月致牧師も「生命の尊厳」を書いて、水原事件の日本報道を論駁し、人命尊重を訴えた。当時日本の進歩的知識人たちが一〇五人事件、三・一独立運動に同情と関心を持って総督政治批判に目を向けたのは事実であったが、だからといって朝鮮の独立までは考えなかった。総督政治の緩和政策を希望するだけで、自治独立を支援したのではなかった。自治独立まではっきり言った日本人グループは、社会主義者たちとごく一部の朝鮮理解者たちだけであった(8)。朝鮮人差別をなくすこと、言論を自由にすること、憲兵政治を中止すること、同化政策をなくすことなどが総督政治批判の論点であって、自治独立論は教会の論調にも現れていない(9)。

鈴木高志が二回に渡って「福音新報」に大論陣を張ったのは、改革および緩和政策の枠の中でのことであったとしても、それまでの日本精神の傲慢を鋭く突いたものであり、宗教家としての使命を再確認したものである。鈴木の文章は今日読んでも遜色のない文章である(10)。堤岩里事件をあげて、「福音新報」が犠牲になった人たちを思う弔辞の詩二編を掲載したのは印象的であった(11)。

一九三〇年後半には朝鮮教会は神社問題で悩んでいたし、その結果殉教者五〇人を出すに至った。この朝鮮の苦悩を日基はどのように見ていたのか。神社問題が朝鮮の国民生活、教会生活にまで浸透してきたのは、南山に官幣大社が建てられた一九二五年以降のことである。日韓併合後総督府は教育令でミッション・スクールの宗教教育を制限し、その代わりに日本の修身道徳を押しつけ、天皇の「御真影」を奉ることを強制して、神社参拝の先駆を作った。朝鮮人に日本の神社(偶像)を強要するのは愚かなことだという論旨は「福音新報」にたびたび現れていた。しかし、一九三〇年代になって総督府が教会に全面的に神社参拝を強制すると、参拝に関する宗教行為が問題になった。朝鮮の教会は日本の教会における神社問題の論議を知っていたが、それとは逆に総督府に対して、また日本の教会の代表に対して宗教行為の強制の非道を訴えた。

一九三八年、富田満が平壌の教会に行き、神社参拝は国民儀礼で宗教行為ではないと、朝鮮の牧師を説得しようとした時、朝鮮の牧師朱基徹が勇敢に富田に質問する場面が「福音新報」に出ている。苦々しい答弁をした後、富田は朝鮮の兄弟たちが自分の説得を聞き入れ、神社参拝をするようになったと喜んでいるが、朝鮮の教会における神社参拝決議が決して自由な雰囲気の中でなされたのではないことは事実である。日本の教会における神社に対する決議は公式には一九三〇年に終わっていたので、三〇年代後半には朝鮮教会の受難を共にする声を、日本および朝鮮在留の日本人牧師からは聞くことができなかった。在留日本人牧師が神社参拝を率先して行い、朝鮮人にもこれを勧めたことは、当時の状況を考慮しても信仰的に誤った判断だと言わざるを得ない。

最後に日本の無教会の人々と韓国の関係を記すことにする。日本無教会の創始者内村鑑三は、日韓併合の時、悲しみを述べた唯一のキリスト者として記憶されている。彼は預言者的洞察で、日本の国家主義に対する批判を続けながら、日露戦争、第一次世界大戦の時は非戦論を展開した。内村のグループの中から朝鮮のために憂い、朝鮮を激励した矢内原忠雄を生み出した(12)。矢内原は一九二四年以来、東京帝国大学での講義で日本の植民地政策を学問的に批判し、三七年にはついに「日本を葬ってください」と言ったことばが問題になり、教授職から追われてしまった。彼は一九四〇年、釜山、大邱を経てソウルまで来てＹＭＣＡで一週間ローマ書講義をしたが、ローマ書一一章の講義で「イスラエル（日本）の救いはその民の傲慢によって隠され、異邦人（朝鮮）から神の救済が先に現れた」と解釈することによって、朝鮮民族を激励した。

この時のローマ書講義は『矢内原全集』の中にそのまま収録されている。彼は朝鮮滞在中、絶えず警察の監視を受けていたが、聖書講解を通じて日本に向けた最後の抵抗を試みた人であった。朝鮮の聴衆はこの講義を感銘深く聴いたという。

矢内原の個人誌「嘉信」が韓国人に多く読まれていたことは知る人ぞ知る事実である。戦後しばらく日本と韓国教会のつながりが途絶えた時期にも、無教会の一部の人たちの間では信仰の交わりが素朴な形で続いてきたことは、日韓キリスト教交流史[13]において、特記すべきことである。

註

1 飯沼二郎編『熱河宣教の記録』未来社、一九六五。熱河会編『曠野を行く（熱河・蒙古宣教史）』未来社、一九六七など。

2 水原を中心に一八九六年から一九一四年まで朝鮮人に伝道した人。彼の感化は大きく、水原には彼を記念する石碑が未だに残っている。大野昭『最初の海外伝道者乗松雅休覚書』日本基督教団香貫教会、一九七五

3 田永福牧師は一九二九年から一九三八年まで咸鏡道をはじめ全国を巡回した。現在は在日大韓京都教会牧師。安藤肇「植民地伝道と織田楢次」「世界」一九六七年九月号

4 日本の教会の植民地伝道に関しては、海老沢有道、大内三郎『日本キリスト教史』日本基督教団出版局、一九七〇

5 「日本の教会の朝鮮伝道」に関しては、晩穂金正俊博士還暦記念論文集『聖書神学と宣教』一九七四に収録された筆者の論文参照。また日本語で書いた「日本基督教会の朝鮮伝道」一九七五、未発表の筆者の論文がある。

6 組合教会の朝鮮伝道に関しては松尾尊兊「日本組合教会の朝鮮伝道」「思想」一九六八年七月号

7　日本基督教会の機関紙「福音新報」を分析して整理したもの。筆者の未発表論文「日本基督教会の朝鮮伝道」に詳述

8　『三・一運動五〇周年記念論集』東亜日報社、一九六九

9　当時日本のキリスト者の中では急進的だった吉野作造も改革論者であるが、独立自治論者ではなかった。吉野作造『中国・朝鮮論』東洋文庫

10　「福音新報」一九一九年五月八日、五月一三日号

11　英文学者斎藤勇の「ある殺戮事件」と斎藤庫三の「殺戮の跡」の二篇である。「福音新報」一九一九年六月一二日号

12　幼方直吉「矢内原忠雄と朝鮮」「思想」一九六五年九月号

13　日韓キリスト教交流全体に関しては、呉允台『日韓キリスト教交流史』新教出版社、一九六八年がある。

七　戦争中のキリスト教

戦争中のキリスト教とは、一九三一年の満州事変勃発から、四五年の敗戦までのキリスト教を言う。それは、一九二〇年代の比較的自由だった大正デモクラシーの時期が過ぎ、政治、社会、経済秩序の混乱の中で、これを克服していこうとした日本ファシズムの下でのキリスト教でもある。昭和元年（一九二六年）から満州事変が起こるまでの数年間は、それでも大正デモクラシーの余韻が残っていて、比較的自由な雰囲気が日本を包んでいた。しかし一九三一年、柳条湖事件から始まった満州事変が起きた頃から「非常時」ということばが使われるようになり、すべての運動や組織が非常時に合わせるようにと組まれたのである。したがって、戦争中のキリスト教は非常時という異常時の中で、明治以来積み重ねてきた日本のキリスト教の体質が暴露された時期だともいえる。プロテスタントが日本に入ってきて数十年、いまだに若い教会である日本の教会が非常時に見せた姿は、それまで日本のキリスト教が持っていた性格を拡大したものである。その意味で、この期間のキリスト教を分析、検討することは、日本のキリスト教を知る上で大変興味深いことである。

まず、日本基督教団の成立の過程を述べることにしよう。これは戦争中に日本の教会の主流が歩んできた道であり、非常時において誤った戦争協力の道でもあった。次に主流教会の外で、この非常時に信仰上の理由で抵抗するか受難した人たちのことを、比較的詳細に述べることにする。韓国教会は神社参拝拒否によって、多くの殉教者が出たが、果たして日本の教会では神社参拝をどのように見ていたのか。そして神社参拝を拒否したキリスト者がいたのか。またそれによる殉教者がいたのか。韓国教会のように多くの殉教者や獄中聖徒は日本の教会にいなかったとしても、日本の教会の非主流にいた信徒の中にキリスト者として小さな抵抗、受難があったのは確かである。最近『特高資料による戦時下のキリスト教運動』[1]が日本で出版され、教会側の資料にない非常時における特別高等警察側の資料を通して、日本の教会の非主流にいた抵抗および受難の実情を詳しく知るようになった。

（1）日本基督教団の成立過程[2]と戦争協力

一九六七年イースターに、当時の日本基督教団総会議長鈴木正久の名前で発表された「第二次大戦下における日本基督教団の責任についての告白」の中で、日本基督教団成立に関して次のように述べている。

「わが国の政府は、そのころ戦争遂行の必要から、諸宗教団体に統合と戦争への協力を、国策として要請いたしました。

明治初年の宣教開始以来、わが国のキリスト者の多くは、かねがね諸教派を解消して日本における一つの福音的教会を樹立したく願ってはおりましたが、当時の教会の指導者たちは、この政府の要請を契機に教会合同にふみきり、ここに教団が成立いたしました。

わたくしどもはこの教団の成立と存続において、わたくしどもの弱さとあやまちにもかかわらず働かれる、歴史の主なる神の摂理を覚え、深い感謝とともにおそれと責任を痛感するものであります。」

この告白で、教団成立は歴史的に見て政府の要請を契機に生まれた教会合同なので、日本の教会の弱さと過ちの産物であることを認めている。

一九四一年、三〇余の教派が日本キリスト教史上画期的な合同を断行したが、この合同をめぐって日本の教会の中でも、これは教会自体のエネルギーから出たという見解と、まったく他律的に国家の宗教政策に巻き込まれて生じたものだという二つの見解があった。前者は日本の教会に流れている公会主義、合同の動きを念頭において、教団の成立はこの教会の元来の願いが実現されたと考える。一八七二年に成立した横浜公会は、自ら教派教会であることを否定したが、その後不幸にも多くの教会が教派教会として発展した。しかしこの段階においても、一致教会(後の日基)と組合教会の合同の動きがあって、信徒たちは親睦会を開き、教派を問わず交わりを続けてきた。そして教団成立以前にも日本基督教連盟の下、教会合同準備委員会が合同のための準備を推進し、決定的な時期を待っていた時、政府からの勧告があり、教団が成立したという。

このような見解は教団成立当時、教団の責任を担っていた人たちに見られる見解である。「戦争責任の告白」でも必ずしも教団成立に至る合同の動きを否定しているのではない。「わが国のキリスト者の多くは、かねがね諸教派を解消して日本における一つの福音的教会を樹立したく願ってはおりました」

と書かれてあるとおりである。

しかし、戦争責任の告白の重点は、合同の願いが教団成立において成就したという単純で直線的な告白であるより、後者の見解、すなわち教会とは異質な国家政策の軌道に乗って他律的合同をしてしまい、そのために教団成立以来戦争遂行に協力してしまった、という懺悔と反省にあると思われる。その場合、教団成立を促した宗教団体法の性格、それを見抜くことができなかった教会に対して冷静な批判を加えなければならない。

日本政府はキリスト教に終始「アメとムチ」を加えながら自分の支配の下におこうと努めた。キリスト者は一般国民の中にあるキリスト教嫌いを恐れて、政府が時として見せる甘い作戦にしがみついて、自己勢力の安定を確保しようとした。このような日本のキリスト者の感情主義は明治初期から敗戦直後まで続いている。例えば、一九一二年、政府が仏教、神道、キリスト教三教の代表者を呼んで日本精神界の善導を要請した時[3]、キリスト者たちは政府がキリスト教を仏教、神道と同じく日本の三大宗教のひとつと見なしているとして、素直に喜んだ。しかしキリスト者がこのアメをありがたく思えば思うほど、政府が下す他の一方のムチを受けるようになったのである。政府が出した宗教法案、宗教団体法は基本的には政府の立場からの宗教取締法である。宗教団体法は一九三九年に国会を通過する前に政府によってたびたびその趣旨が提示された。一八九九年政府によって提出された宗教法案に対して、提案説明に立った山県有朋首相は「国家が宗教を監督して、社会秩序安寧を損なわず、臣民の義務を捨てないようにするのは、国家の義務であるだけでなくその職務にも属する」と述べた[4]。

このような為政者の宗教観は、どの時代にも変わることがなかった。宗教法案は提出されるたびに、各界の反対を受け、成立しなかった。一九二七年から二九年の二回にわたって多少の修正を加え、再度国会に提出されたが、その時はまだ大正デモクラシーの雰囲気が残っていたためか、「憲法の自由精神に反し」「国家の宗教干渉は時代的錯誤」との反対論にぶつかって挫折してしまった。キリスト教界側の反対もほとんど一致したと言っていい。それが、三九年に再び一部を修正した「宗教団体法」が提出されるや、日本はすでに日中戦争に突入し、国家総動員態勢に入っていたためか、国会でほとんど反対もなく通過してしまった。教会側も一九二〇年代に持っていた批判と反対の態度をいつの間にかなくしてしまった。その結果、議会を通過した宗教団体法に教会はどのように合わせていくかに汲々するしか、道がなかった。この法の目的は国民精神の善導に宗教の役割を評価し、宗教の地位を明確にし、宗教を保護するという美名のもと、宗教を国家規制の下におこうとするものであった。キリスト教が三大宗教の一つとして国家の認定を受け保護されるという「アメ」は、天皇制中心のアジア侵略の国家政策にキリスト教が歩調を合わさない時にはいつでも教会の牧師、集会を制限し、その活動を中止させるという「ムチ」の面も持っていた。

宗教団体統治の便宜上、キリスト教はひとつに合同することを要請され、具体的には教会数五〇、信徒数五〇〇〇未満の教会は認めないという基準が提示された。日本キリスト教の三大教派であるに日基、組合、メソジストとその他の四教派がこの基準を超えるだけで、他の小さな教派はその真理性とは無関係に、認可されなくなった。したがって、少数派を抱えて守るという意味でも、教会指導者は合同を進めた。

はじめは、各教派の多様な礼拝儀式、教理の差を認めて、教団の中に一一の部をおき、一九四一年にいったん文部省から教団認可を得た。[5] 教団の成立の時文部省に登録した「教義の大要」はあったが、信仰告白はまだなかった。教会合同に不可欠な各教派が持っている信条、信仰告白の検討も充分になされないまま、外観上の合同に過ぎなかった。日本のすべての教派は、おおむね教派信条をそれほど重要視しない傾向があるというが、比較的教派信条に厳格な長老派系の日本基督教会、ホーリネス、その他小教派が信仰告白のない教団に入る時、自己矛盾と挫折を感じざるを得なかっただろうと思う。

戦争中の日本の教会の姿勢は、表面上国家に従う華やかな面と、沈黙で静かに教会生活を営む二つの面があった。[6] それにしても、教団成立前後に日本の教会が発表した声明文は、キリストの主権を信じ福音伝道に専念する教会本来の姿とはほど遠い。それは非教会的文句で飾り、日本ファシズムに身を売り渡した、挽回できない過ちを残した。一九三七年日中戦争勃発の時、日本基督教連盟は声明を通して「われわれは政府声明の趣旨を理解し協力一致して、尽忠報国を遂行する」と言い、聖公会文章には「今回の事変は聖戦だ」とまで言い切った。一九四〇年に教会合同を敢行する契機を作った皇紀二六〇〇年記念大会では「君が代斉唱」「宮城遥拝」をし、政府首脳、東京府知事の祝辞があり、大会宣言では次のような声明文を採択した。

「天武天皇が国をはじめて二千六百年、皇室が連綿とその光輝を世界に放しているこの光栄ある歴史を思う時、感激に堪えない。……西に欧州の戦禍あり、東に支那事変がある中で、わが国はその針路を誤ることなく国運国力の進展を見るのは、比較にならないわが国体のためである。……この世界の変換の時に、わが国は体制を新たにして、大東亜新秩序建設に邁進しつつある。わが基督信徒もまたこれに応じて、教会教派の違いを捨て、合同一致して国民精神指導の大業に参加し、ますます尽忠報国の誠をつくして……」[7]
その後第二次世界大戦に突入し、一九四五年八月一五日の敗戦にいたるまでの教団は、「大東亜戦争」を支持し、天皇中心の国体のもと、自らが宗教報国を言いながら生き延びてきた。一九四四年イースターに日本基督教団総理富田満の名前で出された「日本基督教団より大東亜共栄圏に在る基督教徒に送る書翰」は、日本の教会が信仰を捨ててどこまで判断を間違ったかを表わすよい標本である。日本キリスト界の教会史家の石原謙は教団成立以後の教会に関して次のように述べている。
「教会はもはやキリスト教的福音の場ではなくなってしまったのである。……全教派教会合同の原則だけは公に宣言されたが、本質的にはキリスト教的福音の信仰を犠牲として黙過した異教的国策への盲従であり、形の上でも具体案を伴わない宣言に留まった。……日本は再びここに鎖国禁教の時代に戻ったとも考えられるのである。」[8]
戦争中にも教会の礼拝は続けられた。牧師は牧師なりの努力をし、「非常時」「決戦体制」の中で束縛され傷ついた教会員たちを励まし、慰めようとした。そして、教団の牧師の中でも力の限り抵抗した人たちもいた。しかし、日本の教会の主流をなす教団、教会、教職者を非常時という状況を考慮して理解しようとしても、戦争中のキリスト教が聖書に語られている福音に忠実でなかったのは、だれも否定できない事実である。牧師の中では日本的キリスト教、皇道キリスト教を提唱し、聖書より日本の神話、天皇制思想の方に深く入った人もいた。
明治初期、大正時代に、つかの間の自由に花咲いた日本のプロテスタントは、日本社会に文化、社会、思想の面で貢献してきた。にもかかわらず、戦争中のキリスト教が真理を犠牲にし日本の国家主義、軍国主義と野合し生き残ったという事実は、良心的キリスト教徒だけでなく、キリスト教に少なからず期待をかけた日本の一般知識人にまで大きな失望感を与えた。この暗黒期の日本のキリスト教を今日どのように総括するかはまだ未知数であるが、「戦争責任の告白」では次のように述べている。

「『世の光』『地の塩』である教会は、あの戦争に同調すべきではありませんでした。まさに国を愛する故にこそ、キリスト者の良心的判断によって、祖国の歩みに対して正しい判断をなすべきでありました。

しかるにわたくしどもは、教団の名において、あの戦争を是認し、支持し、その勝利のために祈り努めることを、内外に向かって声明いたしました。

まことにわたくしどもの祖国が罪を犯したとき、わたくしどもの教会もまたその罪におちいりました。わたくしどもは『見張り』の使命をないがしろにいたしました。心の深い痛みをもって、この罪を懺悔し、主にゆるしを願うとともに、世界の、ことにアジアの諸国、そこにある教会と兄弟姉妹、またわが国の同胞にこころからのゆるしを請う次第であります。」

最後に付け加えなければならないのは、教団の成立と戦争協力が日本人と日本のキリスト者に重大な過ちを犯しただけでなく、日本の植民地であった朝鮮、台湾の国民と多くの教会に対しても、拭い去れない罪を犯したという点である。戦争中に日本の指導的牧師たちは中国、朝鮮、台湾を巡回し、イエス・キリストの名で戦争協力を訴え、挙国一致を説いた。「宗教団体法」は朝鮮にも影響を及ぼし、「日本基督教朝鮮教団」も強制的に作らされた。日本よりも激しい信仰闘争を敢行し、獄に入れられた朝鮮の教職者および信徒たちと苦難の中にある朝鮮の教会に対して、日本基督教団は何も出来なかっただけでなく、その傷をいっそう広げる方向にしか動かなかった。日韓教会交流史にたしかに残るこの汚点をキリストの中にある真の和解の中でどのように具体的にきれいに拭っていくかの問題は、日本の教会に託された前途遼遠な課題である。

（2）受難と抵抗の道[9]

ここでは日本の教会に現れたキリスト者の受難と抵抗に対して、概略的な説明とともに個別的事例を探ってみよう。「受難と抵抗」と題をつけたのは、戦時下の軍国日本の犠牲になったキリスト者の態度に、若干の差が見られるためである。「抵抗者」は神社参拝拒否であれ、兵役拒否であれ、戦時体制に対して積極的な意思表示をし、各自の信仰の良心に従って一般の人とは異なった行動を果敢に選択した人たちである。「受難者」とは戦時体制に意図的に反対しないで協力したにもかかわらず、結果的には弾圧を受けた人たちを言う。苦難は受けたが、自ら積極的に抵抗したわけではない。たとえば、救世軍のスパイ嫌疑事件、ホーリネスの再臨信仰が問題になった場合がこれにあたる。戦争中のキリスト者をあえて三つに分類するならば、抵抗者、受難者、妥協者と分けられる。

前述したように、日本の教会の主流である日本基督教団の多くの教会は妥協と背信に近い歩みを歩んできた。教会の非主流にいた抵抗者や受難者は、原則的に個人的な次元であって、彼らが属した教団、教会全体としては国家体制に対抗しなかった。このような現象は戦時体制の後期になるほど顕著に現れる。もちろん国家の立場でホーリネスに属する聖教会、きよめ教会、救世軍、灯台社などの教職者と信徒を大量逮捕し、その教派自体を問題視した場合はあったが、教派と教団の次元で抵抗した例はなかった。

抵抗者、受難者はどのような理由で国家思想と衝突したのか。言い換えれば、抵抗者、受難者のどのような思想や教理が国家権力側から見て問題になったのか。まず、天皇とキリストはどちらが上かという、キリスト教の主権思想、次に再臨の時には天皇も審判を受けるのかという再臨信仰、三番目には反戦論および平和思想、四番目には国際的提携があげられる。イギリスとアメリカを鬼畜呼ばわりする中で、英米と提携する人はスパイの疑いを受けた。この中で一番目と二番目はホーリネス、セブンスデー・アドベンチストの受難と関係し、三番目は無教会主義者、四番目は救世軍の人たちが問題視された。

最後に、抵抗者と受難者はどのような方法で自己意思を表示したのかが問題になる。より積極的な意思をあらわした順に列挙してみると、カトリック教徒、ホーリネス、美濃ミッション系[10]による神社参拝拒否、二番目は灯台社と無教会の人たちによる兵役拒否、三番目は日本基督教団の牧師や信徒たちの説教、講演を通じた発言、四番目は無教会とホーリネスの文書による意志表現、五番目は教団の人たちに多く見られる沈黙による抵抗の意志表現などである。次に教派別の抵抗、受難の内容、方法を簡単に述べよう。

教団の主流に属した人々

教団の主流は抵抗と受難に参与しなかった。特に教団成立以後、戦争に追従する姿勢が顕著になったが、このような姿勢は教団が成立してからいきなり現れたというより、一九三〇年代から徐々に見られるようになった。教団の主流に属しながら抵抗と受難の道を歩んでいた人たちは、教団の助けなしに孤独な戦いをせざるを得なかった。後に教団が「戦争責任の告白」を発表した時、これら教団内の少数の抵抗者が足場になったのは否定できない。戦争責任の告白を発表した当時の教団議長鈴木正久もその中の一人に数えられる。

個々人の抵抗を考える前に、日本基督教団成立以前の主流の教会および連合体である基督教連盟の最後の抵抗を見ることにしよう。一九二〇年代にはそれでも教会が教会としての批判的言論を政治、社会に対して持っていた。宗教法案が上程された時、キリスト教と言論会が中心になり反対運動を展開し、法案成立を挫折させたのはその例である。

昭和初期の政治、社会、経済の混乱の前の一九二八年一一月、日本基督教連盟は有名な「社会信条」を発表し、教会が進むべき方向を提示しようとした。その内容は大正から昭和初期に日本の思想、労働界を風靡した共産主義を排斥しながら、同時に台頭しつつあった日本ファシズムの反動的弾圧にも反対し、人権尊重、労働者の権利保護、戦争反対の平和主義を掲げて立ち上がったのである。その社会信条の精神は戦時体制の中で挫折していくが、[11]少なくとも時代の流れに抵抗する教会の姿勢を鮮明にしようとしたものとして評価できる。

また基督教連盟は一九三〇年五月に「神社問題に関する進言」を政府に提出し、宗教性が濃い神社参拝を学生と国民に強要するのは無理だと断定し、帝国憲法に定められている信教の自由の解釈を厳格にすることを要求した。この進言は連盟の最後の抵抗だったと言える。[12]神社問題は、一九三〇年代になって神社参拝拒否事件として国家主義の立場からキリスト教主義学校、[13]教会[14]を非難する材料として扱われたが、教会の論調は神社内での宗教的行為を排除するように要求するものから、神社参拝を認めるという苦痛に満ちた論旨に変わっていった。教会側の進言と要求にもかかわらず、日本国家主義は戦時体制の移行とともに神社問題を一歩も譲歩せず、一方的に教会が国家の神社論に譲歩するのみであった。神社問題に関する不鮮明な疑問の提出が一九三六年から三七年の日本基督教会の機関紙「福音新報」に現れているのは、教会の最後の抵抗と解釈できよう。

最近、教会の主流に属しながらも、各教会で独自の抵抗の戦いをしてきた牧師たちに対する研究がはじめられた。[15]すなわち、賀川豊彦、[16]小野村林蔵、[17]結城国義、[18]柏木義円、[19]額賀保羅[20]など、主にキリスト教平和主義が戦時体制に合わないため、政府当局から問題視された例である。ここに挙げた人たちの他にも無名の牧師、信徒たちの小さな抵抗はあったと思うが、ここで述べることは出来ない。[21]神社問題だけを別に離して考えても、日本の教会の主流をなす日本基督教会、組合教会、メソジスト教会は、非主流のホーリネス、灯台社のように厳格でなかったのは事実である。それは教会主流の比較的自由な神学的背景と愛国的要素のためであると言える。カトリックが神社不参拝で比較的最後まで問題を残したのとは対照的である。[22]

ホーリネス[23]

日本基督教団が成立した時、いろいろな問題があったにもかかわらず、ホーリネス系の教会は教団に加入した。その後一九四二年六月に突然ホーリネス系教職者たちがいっせいに逮捕され、全国で一〇〇余人が治安維持法違反で取調べを受けた。結局四一人が起訴され各々懲役四年以下の刑を受けた。四三年四月にホーリネスに属した二〇〇余以上の教会が解散命令を受けた。

ホーリネスが当局の注目を受けた理由は、彼らが強調するイエス・キリストの再臨信仰が天皇絶対主義の日本国体に合わないということであった。キリストの再臨でこの世のすべての権力が審判を受け、当然天皇も神の支配や審判を受けると主張したからである。そして大東亜戦争はキリストの再臨を告知する前兆であり、苦難の時代と言った。当局はこの戦争こそ天皇が宣戦した聖戦であり、苦難時代の兆候は何かと問いただし、キリスト王国の再臨思想が国体を否定する思想だと、これを禁止した。

教団の一部であるホーリネスが苦難を受け、教職者が逮捕され教会が解散されたにもかかわらず、教団幹部たちはホーリネスの苦難に対して比較的冷淡であった。裁判では教団の幹部がホーリネス教会に不利な証言をしたこともあった。不当な弾圧に対して、教団は弁護と救済の手を差し延べなければならないにもかかわらず、かえって自分たちに災禍が及ぶことを警戒し、ホーリネスの信徒たちを孤立させ冷遇した。戦後ホーリネスがいち早く教団を脱退した理由も、教団に対する不信と悪感情が多分に作用していたことだろう。もちろん教団に残ったホーリネス系教会もあった。

ホーリネス系の場合は受難者であって積極的抵抗者ではないと考えられる。しかしこの人たちの中で八人の殉教者が出た。彼らは服役中に死亡したか、病が悪化し、保釈後すぐに亡くなった人たちである。菅野鋭、小出朋治、池田長十郎、竹入高、辻啓蔵、斎籐保太郎、丸山覚三、三枝龍である。教団に属す教会の中で、最も多くの受難者を出したのはホーリネスであることを忘れてはならない。

救世軍[24]

一九四〇年八月、救世軍の幹部である司令官植村益蔵他六人が、イギリスのスパイ嫌疑で取調べを受けた。このとき救世軍は本部のイギリスと手を切って、軍隊式の呼称を改め、国体に合わせるなどの条件を受け入れ、救世軍を救世団と改称し、日本基督教団の一員として加入することにした。救世軍に属した人たちの立場も受難であった。しかしホーリネスに比べてごく弱く、たやすく日本化していったように見える。

無教会[25]

内村鑑三の影響を受けた人たちの中で、内村の徹底した預言者的批判精神を継承した人たちが多かった。内村が愛した二つのJ（JapanとJesus）は均衡を保ち、無教派の精神は日本キリスト教史の中で特異な存在を保ってきた。愛国者であるがために国を憂い、批判し、信仰の純粋性に立とうとした姿勢は、教団の主流及び非主流が国家主義にたやすく流れていったのとは対照的である。また無教会の抵抗者たちは東京帝国大学出身など、日本の知識層に属する人が多く、聖書講義、文書伝道、講演などを通して立派に闘っていった。ホーリネス、セブンスデー・アドベンチスト、灯台社、その他の小教派の教理が問題になって苦難を受けたのとは違って、無教会は聖書の平和思想を以て抵抗した。

無教会は教派を作ることなく、各地の指導者個人が内村の流れに合わせて聖書研究を中心とした集会を持っているだけであった。同志間の思慮や愛情は教派教会以上のものである。したがって、抵抗は個人的だったとしても、まさに無教会に属した人たちが支えあって同志全体の抵抗のような様相を見せたと言っても言い過ぎではない。無教会主義者同士の交わりが日韓両国の間をかたく結んだというのも、教団と教会の交流が断絶されたのと違って、特記すべき事実である。

戦後東京大学総長になった矢内原忠雄は敗戦後一九四五年一二月号の個人雑誌「嘉信」[26]に「戦争の敵」を書いて、戦時中の戦いを回顧している。経済学や植民地政策の専門家として、彼は鋭い社会科学的洞察と内村から継承した預言者的直感にしたがって一九三一年の満州事変、三七年の日中戦争の真相を早くから見通していた。

問題になったのは一九三七年八月号の「中央公論」に書いた「国家の理想」という論文であった。東京帝大にも国家主義的傾向の学者たちがいて、矢内原の思想を危険視しはじめたし、同じ年の一〇月に故藤井武[27]の記念講演で「日本国を葬る」という言葉が問題になり、教授職を離れることになった。「今日は、虚偽の世に於て、我々のかくも愛したる日本の国の理想、或は理想を失つたる日本の葬りの席であります。私は怒ることも怒れません。泣くことも泣けません。どうぞ皆さん、若し私の申したことが御解りになつたならば、日本の理想を生かす為めに、一先づ此の国を葬つて下さい。[28]」

矢内原はこの講演内容が問題になり大学から追われた後、以前から志していた伝道に専念するため、一九三八年から月刊誌「嘉信」を発行する一方、招かれるまま全国をまわって講演した。彼は一九四〇年に朝鮮に渡ってローマ書講義をしたが、この時も伝道者として朝鮮に来た[29]。矢内原が伝道者として集会をもっても、また「嘉信」に何かを書いても、当局は彼を監視した。特別高等警察の「資料」には、矢内原の平穏な言動までも一目瞭然に残っている[30]。

無教会の抵抗者として矢内原以外にも南原繁[31]、浅見仙作[32]、石賀修[33]など、多くの人がいる[34]。彼らは各個人誌に著わた反戦、非戦、平和主義思想のために取調べを受けた。無教会から殉教者が出なかったとはいえ、無教会主義者こそ、戦時中もっともキリスト者らしい抵抗を見せたと言える。

灯台社(35)

特高の資料は他のどの教派の取調べよりも灯台社を徹底的に調べ、つぶそうとしたことが窺える。この事実は資料に見られる灯台社に対する取り調べの分量だけ見ても明らかである。灯台社とはワッチ・タワーの人たち、すなわちエホバの証人と呼ばれる人たちのことを言う。四人の殉教者(36)と一九三九年に逮捕された人は一五〇人に達する。逮捕者は日本国内だけでなく、朝鮮、台湾までも広がった。殉教者の一人は朝鮮人である。灯台社は一九四〇年に解散を命じられ、集会を禁止された。

では、なぜ灯台社がこのように目の敵にされたのか。それは信徒たちの厳格な信仰教理が日本の国体と相反するものだと判断されたからである。特に旧約聖書重視がユダヤ主義だと言って、日本の国家思想と合わないと断定された。さらに再臨、審判の信仰、神社参拝拒否、兵役拒否など、彼らの存在自体が譲歩の余地なしにことごとく戦時中の国体に相反するとみなされた。

指導者明石順三は治安維持法で一〇年の実刑を受けたが、これはキリスト者の中では最も重い刑である。厳しい弾圧のため灯台社を離れて転向した人もいたが、ホーリネスと共にキリスト教界では最も犠牲者が多かった。

その他

前述した教派以外に、日本自由基督教会、基督兄弟団、セブンスデー・アドベンチスト、聖公会、耶蘇基督之新約教会、プリマス兄弟団、美濃ミッションなどに対する弾圧があったが[37]ここでは省略する。

以上「受難と抵抗の道」を説明したが、ここでいくつか最終的検討を試みよう。まずキリスト教信仰を抱いて殉教した人はどのくらいいたのか。ホーリネス八人、灯台社四人、日本自由教会一人、基督教兄弟団二人、セブンスデー・アドベンチスト三人などが資料に上がっている人数である。資料からもれた者を計算すると、戦時中キリスト教信仰によって殉教した人は二〇人くらいになるだろう。数自体はそれほど大きな意味を持っていないが、韓国教会が五〇余名の殉教者を出した時、戦時中の日本の教会のキリストに対する服従は十分ではないということを反省せざるを得ない。

ここではカトリックに対してあまり言及しなかった。「資料」にカトリック信徒の神社参拝拒否、外国人神父警戒の記事があるが、ほとんど散発的なもので持久力ある抵抗にまでいたらなかったようである。カトリック教徒の中には、戦時中殉教した人はいなかったと思う。

苦難を受けたのは日本人信徒に限らなかった。英米出身の宣教師たちはスパイ嫌疑で注目を受けたり、メソジスト、長老会系の宣教師たちは一九四一年を境にほとんど帰国したが、戦時中にも日本にとどまって、強制キャンプで過ごしたプロテスタント宣教師が一〇余人いた。カトリック側はフランス、スペイン、イタリア、ドイツ系の宣教師で日本に残った人は多くなかっただろう。

超戦時体制の中で教会の声がほとんど消えようとした時、信徒たちの最後の抵抗はキリスト者の戦死者の葬儀をキリスト教式で行おうとしたことであった。黙っていれば自動的に神道、仏教式の合同葬儀が行われてしまうのである。たとえば神式仏式で合同慰霊祭を行ったとしても、キリスト者の葬儀を事前に個別的に行うことを要請し、別に式を持ったことなどは、庶民キリスト者の国家主義に対する最後の注文であり、抵抗であった。(38)

註

1 『特高資料による戦時下のキリスト教運動』一九三六―四四年、Ⅰ、Ⅱ、Ⅲ、新教出版社、一九七三。以下『資料』Ⅰ、Ⅱ、Ⅲと記す。

2 教団成立に関しては、日本基督教団史編集委員会編『日本基督教団史』一九六七。石原謙『日本キリスト教史論』新教出版社、一九六七。土肥昭夫『日本プロテスタント教会の成立と展開』日本基督教団出版局、一九七六

3 三教会同と呼ぶ。

4 海老沢有道、大内三郎『日本キリスト教史』日本基督教団出版局、一九七一からの再引用

5 一九四三年、部制も廃止され、名目上合同する。まったく「機械的」合同であった。

6 Charles W. Iglehart, A Century of Protestant Christianity in Japan, Tuttle, Tokyo, 1959

7 石原謙、前掲書

8 石原謙、前掲書

9 戦時下におけるキリスト者の抵抗に関しては、同志社大学人文科学研究所編『戦時下抵抗の研究―キリスト者・自由主義者の場合―』Ⅰ、Ⅱ、みすず書房、一九六九に比較的詳細に体系的に記されている。

10 大垣を中心に伝道した美濃ミッション

11 前掲書『戦時下抵抗の研究』Ⅱ、「『社会信条』の精神にもとづく実践とその崩壊」

12 海老沢亮『日本キリスト教百年史』日本基督教団出版部、一九五九

13 一九三二年上智大学生の神社参拝拒否事件(軍事教練後に靖国神社参拝を学生一同が行ったが、カトリック

信徒である一部の学生が参拝を拒否して問題になった事件。結局は軍部の圧力で学校側が陳謝して解決）、一九三五年同志社高商の神棚事件（一部の学生が同志社の創立者新島襄の肖像を引きおろし、神社の武神を祭ったが、高商当局の叱責によりこれを撤去して問題になった事件）。同志社総長湯浅八郎の抵抗の姿勢は有名である。前掲書『戦時下の抵抗の研究』Ⅱの中の「同志社の抵抗」

14　例えば、一九二九年の大垣美濃ミッションに通う小学生四人が神社参拝を拒否すると、結局一九三二年になって神社参拝拒否後停学処分になり、美濃ミッションは不認可になった。『資料』Ⅰ、Ⅱ

15　前掲書『戦時下抵抗の研究』Ⅱ、「個人キリスト者の抵抗」

16　平和発言（中国への謝罪）が問題になり、一九四〇年に逮捕された。

17　『神社に対する疑義』を一九二五年に出版し、神社を批判。一九四四年反戦的言動、平和主義の疑いで逮捕された。前掲書『資料』Ⅲ、『キリストの証人　抵抗に生きる』Ⅲ、日本基督教団出版局、一九七四

18　一九三九年クリスマスに教会学校児童劇に反戦的な童話劇を演出したという疑いで取調を受けた。『資料』Ⅱ

19　明治、大正、昭和にわたって徹底して戦争反対、社会主義を唱道。『キリストの証人　抵抗に生きる』Ⅱ

20　教会学校の教師で、反戦、反軍、非戦論を児童たちに教えたということ。『資料』Ⅱ

21　『資料』Ⅰ、Ⅱ、Ⅲを通して不穏不敬な言動という理由で多くの牧師たちが取調べを受けたことを知ることが出来る。

22　カトリック教徒たちの神社参拝拒否が一九四三年になっても問題にされている。『資料』Ⅲ

23　米田豊、高山慶喜『昭和の宗教弾圧―戦時ホーリネス受難記』いのちのことば社、一九六七。『資料』Ⅱ

24　『資料』Ⅱ

25　『資料』Ⅱ、Ⅲ

26　矢内原忠雄が続けて出した個人雑誌

27　藤井武（一九三〇年死亡）も抵抗者の一人として数えられた。

28　『矢内原忠雄全集』岩波書店、一八巻

29 矢内原が朝鮮に特別な使命と関心を持っていたこと、日本の総督府政策に対して批判的だったことなど。幼方直吉「矢内原忠雄と朝鮮」「思想」一九六五年九月号。盧平久「矢内原先生と韓国」『矢内原全集』月報六などを参照

30 『資料』Ⅱ

31 南原繁『国家と宗教』岩波書店、一九四二はナチの世界観を批判して間接的に日本のファッシズムを批判

32 浅見仙作の月刊誌「喜の音」が平和非戦思想を宣伝したものとして拘束され獄中生活二〇〇日を送る。当時七七歳。『資料』Ⅱ、Ⅲ

33 兵役拒否、戦争反対の立場で、『資料』Ⅲ。イシガ・オサム『神の平和—兵役拒否をこえて—』新教出版社、一九七一

34 藤沢武義、金澤常雄、黒崎幸吉、長谷川周治なども抵抗した人の中に入れられる。

35 『資料』Ⅰ、Ⅱ、Ⅲ。単行本としては稲垣真美『兵役を拒否した日本人—灯台社の戦時下の抵抗—』岩波新書、一九七二がある。

36 明石静栄（順三の妻）、崔容源、玉応連、隅田好枝の四人

37 『資料』Ⅱ

38 『資料』Ⅰ、Ⅱ

八　日本の神学思想総論

ここで日本の神学思想という場合、日本のキリスト教史を一貫して定説になった「神学思想」が存在したという意味ではない。日本のキリスト教史の流れを変えた神学思想家、神学者[1]が存在しなかったとはいえないが、彼らの思想または神学が孤立化し、日本の教会に定着しなかったことに、問題点がある。[2]

韓国のキリスト者にも名前が知られている内村鑑三、賀川豊彦は、日本のキリスト教思想に大きな影響を及ぼした人たちであるが、この二人も神学者の範疇には入っていないし、厳密な意味では教会の学としての神学には寄与しなかった。神学思想という観点で見るとき、内村と賀川は他の神学者に比べて高く評価されているとは言えない。

日本には神学思想の伝統形成が困難であったとしても、日本のキリスト教史には大きく流れる神学思想があり、この神学思想が今日の日本の教会の性格を複合的に決定するがために、この大きな流れを中心に、神学思想を分析し、検討するのは意味あることである。

最初に明治中期に日本に入ってきた自由神学思想、二番目に一九三〇年代の教会に決定的影響を及ぼした弁証法神学、三番目に内村から始まった日本特有の無教会主義について述べることにする。これらは日本の神学思想の鉱脈のようなものだと言えよう。その鉱脈を探る前に、概説的に日本の神学思想の特徴をいくつかあげてみよう。

（1）日本の神学思想の特徴

一般的特徴

西洋人が日本の神学思想を眺めると、それは日本にあるホテルのようなものだと言う。[3] 表面は西洋式建物であるが、室内装飾と他の面は西欧的なものと日本的なものが混合されている。そしてホテルの庭は純日本式である。このように日本の神学思想には純日本的なもの、西洋と日本を混合したもの、西洋的なものがそのまま共存していると言える。この三つは単純な西欧神学の模倣ないし輸入でもなく、日本化されてしまった混合主義（シンクレティズム）でもない、キリスト教の伝統を日本的方式で継承しようとする姿である。[4]

日本にプロテスタントが入ったのは、日本の近代化過程の中で西欧化のひとつの手段として受け入れられ、黙認された。さらに、二〇〇〇年の歴史を持つヨーロッパのキリスト教とは異なり、中世、宗教改革もなく、神学的伝統が欠如した日本では、キリスト教を受け入れるのにも一方的に西洋一辺倒にならざるを得なかった。日本の近代化、西欧化が主としてフランスとドイツ（プロシア）[5]をモデルにしたのに対して、初期日本のプロテスタントはもっぱらアメリカ、イギリス系の宣教師によって伝えられたので、同じ西欧化の流れでも、それには少なからず対立があった。日本の官学がドイツ系であることに比べて、神学はアメリカ、イギリス系であったがために、神学は日本の思想体系の中で孤立し、日本の思想との豊かな対話を失い、日本思想の孤児的存在になったという指摘もある。[6] とにかく日本のプロテスタントは宣教師や書籍を通して神学思想を受け入れ、日本の土着思想と絡み合いながら日本のキリスト教を編成してきた。一〇〇余年の歴史しかもっていない日本の教会が、未熟な神学と言われても西洋のものを日本人のものにつくり変えようとした努力は評価できよう。

西欧の神学を日本化していく過程は、かなり速く進行したと言える。それは初期の日本のプロテスタント信徒たちが知識欲の旺盛な青年たちであり、明治維新の主流から外れたとはいえ、彼らなりに新日本建設の夢をいだいた人たちだったためである。最初は中国で出版されたキリスト教書籍を読み、次第に自ら洋書を読み、西欧神学をよくかんで消化しようとした。そのかむ速度があまりにも早かったため、一八九〇年代にはすでに宣教師たちが日本の青年神学徒たちの質問に答えられなかったという。それに日本国家主義まで加わって、いち早く宣教師の影響から離れた日本人主体の神学思想の模索が始まった。

日本の神学思想の時代区分

石原謙は「日本の神学の課題」という論文で、[7] 時代を大きく三つに分けている。第一期は一八六〇年代から一九一〇年代までの神学がなかった時代、第二期は一九二〇年代から四五年までの言論が不自由な時代に、集中的に福音の理解、認識、解明が試みられた時代、第三期は一九四五年以後今日までの戦後神学である。

第一期を神学なき時代と言ったのは、この時代には一種のキリスト教運動としての政治、社会、文学、文化にキリスト教が影響を与えたが、教会本来の学問としての神学はなかった時代という意味である。第二期は日本の歴史の不幸な時代で、試練の時代であったが、弁証法神学の決定的影響を受け、かえって神学的時代だったとも言える。第三期は第二期の矛盾、すなわち日本の国家体制の大きな過ちを視野に入れなかった日本の神学の反省期だと言える。

関西と関東の神学

韓国教会の神学思想を検討する場合にも必ず出てくるのが地方色だが、日本の神学思想にも大きく分けて、関西、関東の地方色がある。関西は同志社神学校および組合教会の勢力が大きく、関東の日本神学校（現東京神学大学）と日本基督教会の勢力と良い対照だと言える。同志社と組合教会の特徴は、自由精神、社会、文化に対する積極的関心、教義より歴史に関する関心などがあげられる。[8]自由精神は早くから西欧の自由神学（聖書批判）を受け入れ、すでに宣教師の神学から脱皮し、一方では国家、社会、文化にキリスト教の適用を真摯に考える神学的雰囲気を生んだ。教会の信条や伝統より、キリスト教としての現実問題に果敢に飛び込む姿勢をとってきた反面、日本の国家主義にたやすく便乗し日本的キリスト教を叫ぶ弊害を生んだ。しかし、試行錯誤をくりかえしながらも真摯な日本キリスト教の土着論を展開してきたのは、東京の日本神学校系より京都、大阪などの同志社系統の神学者たちだったと言えよう。

関東は関西に比べて、カルヴィニズムの伝統を受け継ぎ、教会主義的で保守的だった。教会主義的、保守的と言っても、韓国の教会の保守主義とは多少違って、自由精神を通過した保守、伝統保守である。教会の神学という面で言えば、関東がより神学的だったと言えよう。

日本基督教会の中枢をなした植村正久、日本の神学に転換期を与えた高倉徳太郎、戦中、戦後を通して日本の教会神学形成に貢献しようとした熊野義孝などは、全て関東の神学者であった。彼らが日本の教会形成とその神学形成に尽力したことは事実であるが、政治、社会、文化面に対する神学的洞察をもっていなかったことは、一方に傾いた神学ではなかったかと反省せざるをえない面がある。とにかく同志社出身の組合教会は社会倫理面で優れた洞察と行動を見せ、日本神学校系の日本基督教会はたゆまず教会形成をなしてきたと言えよう。

日本の神学思想家および神学者

日本の神学者が主に西欧のどの神学者の影響を受けてきたかと言うのは、興味あることである。ごく常識的で解説的に言うのが許されるなら、次のように説明できる。

初期プロテスタントにはマーティンの『天道溯源』が大きな影響を与えた。明治期に自由神学が入ってからはＩＣＣ註釈書、ハルナックの『キリスト教の本質』、クンゲルの『創世記研究』などが教科書として使用された。クラークの『基督教概論』が自由神学だと言って、これを教科書として使う明治学院神学部からアメリカの南長老派が協力の手を切ったのは有名な話である。

一九〇〇年までシュライエルマッハーの『キリスト教信仰』が日本の神学徒の間に広く読まれた。一九二〇年代に自由主義神学の転換期を迎えたとき、バルト以前のバルトと称されたイギリスのフォーサイスの本が読まれ、危機神学として一九二〇年代後期のブルナーが紹介され、この線でバルトが読まれ理解された。バルトの『ローマ書』は一九三〇、四〇年代の日本の神学に絶対的影響を与えた。戦中、戦後にはラインホルト・ニーバー、トレルチ、ティーリッヒ、ブルトマン、ボンヘッファーなどの神学者を通して、日本は多くのことを学んだ。

日本には西欧の神学がいち早く紹介され翻訳されたが、これらの神学はキリスト者だけでなく、キリスト教周辺にいた知識人たちにも広く読まれ、また影響を与えた。この現象は日本の独自的様相といえよう。西欧神学の紹介と反芻はかなり速い速度で進行した。

次に神学界に少なからぬ影響を及ぼした日本人神学者の系譜をごく常識的な枠で探ってみると、海老名弾正、植村正久、波多野精一、高倉徳太郎、渡辺善太、熊野義孝、北森嘉蔵などが上げられる。海老名弾正は一九〇一～二年にかけて植村正久とキリスト論をめぐって猛烈な論陣を広げたが、海老名は自由、自然、体験主義を基礎にして大胆なキリスト論を展開した。彼にはこれ一冊という決定的な著書はないが、説教、講演、論評を通して、日本の青年キリスト者に大きな影響を与えた。植村は一八八四年にすでに「真理一斑」という論文を書いて、唯物論と進化思想を批判し、キリスト教を弁証した。植村も説教、論評による影響が大きい。波多野精一は一九〇八年に『基督教の起源』を出版したが、この本は原始キリスト教の研究で、当時の西欧宗教史学派の研究をほとんど完全にマスターした日本最初の神学書らしい神学書だといえる。彼は東京大学、京都大学で宗教哲学を講義し続けた学者で、彼の

『宗教哲学』、『時と永遠』も日本の神学思想と哲学思想に静かな影響を投げかけている。[9]

一九二七年に出版された高倉徳太郎の『福音的基督教』は日本神学界に転換期をつくった。戦争中、彼が書いたものほどよく読まれたものはなかった。[10]彼はフォーサイスのよき紹介者だった。渡辺善太は『聖書正典論』（一九四九）で、文献批評を超えた正典論を展開し、日本の教会に大きな貢献をした。[11]熊野義孝は一九三二年に『終末論と歴史哲学』を出版し、弁証法神学を紹介する先駆的役割を果たした。続いて出版した『基督教概論』、『基督教の本質』、一九五四年から六五年の間に刊行された『教義学』全三巻などは、日本の神学徒と牧師たちの教科書のような本になっている。神学形成の積み重ねが弱い日本の神学思想伝統の中で、植村—高倉—熊野の系列は日本の教会のほとんど唯一と言ってもよい正統神学の系譜だと言えよう。

北森嘉蔵は敗戦直後の一九四六年に『神の痛みの神学』を出して、敗戦の虚無感に浸っていたキリスト者に慰めと力を与えた。この本は従来の弁証法神学を土台にして、日本人特有の神学的著作として高く評価され、英訳とドイツ語訳も出ている。日本の神学者の本が西欧の言葉で翻訳されたのは『神の痛みの神学』が初めてであった。[12]

その他、長い間東京神学大学学長を歴任した桑田秀延の『弁証法的神学』（一九三三）、石原謙の『神学史』（一九三三）、『ヨーロッパ・キリスト教史上・下』（一九七二）も日本の神学界の貴重な所産のひとつである。日本の神学者は波多野と石原を除いてはほとんどがよき牧会者であるという点が、日本の神学のひとつの特長であろう。また西欧に留学したことがこれらの神学者たちに影響を与えたことはあるが、彼らのほとんどの著作は留学の産物ではなく、日本で西欧の神学を十分に反芻した後に出された、日本の地での産物であると言える。

前述したように、賀川豊彦、内村鑑三は日本の神学者の系列には入らない。賀川は体系的な神学者ではなく、預言者、詩人、聖人だと言えるし[13]、日本のキリスト教に与えた影響は大きいが、神学より伝道と社会面での貢献が大きい[14]。内村は教会主義に反対して原始教団以前の「エクレシア（集会）」をモデルに教会を位置付けている。その主張は教会主義に対する警告だと言われるが、教会観が稀薄であるのは疑う余地がないし、神学が教会の営みだとする時、教会なき神学というのは言葉の矛盾である。内村も神学者というより、預言者的性格を持って日本の教会、社会、国家によき忠告者として貢献した人であると言える。

日本の神学形成の困難さ

神学が教会の自己吟味の学問だとすると、神学と教会は切っても切れない二つの軸のようなものである。ここで日本には教会という建物、すなわち集会場としてひとつの社会集団をなしている現象はあっても、日本という異教の地で自覚的「教会観」[15]が不足していると言える。日本の教会の特色は無信条、無神学、便宜主義、倫理的、無教会主義などで表現できる。すなわち、教会概念が不明確であると言うことである。教会の概念が不明確なところに、神学もまた不安定な場しかもつことができない。教会と神学は相互補完的な存在で、教会は神学に場を与え、神学は教会の基礎を作ると言える。

日本のプロテスタントがアメリカの宣教師によって伝えられた時、日本が受け継いだ[16]キリスト教の類型は、ピューリタニズム、長老派的カルヴィニズム、伝道熱心の三つの混合であった。結局この三つの型の混合は倫理的、伝道熱心な日本のキリスト教を形成した。ピューリタン的倫理は没落士族たちに儒教倫理に代わる価値観を与えたといえるし、伝道は信仰復興運動として現れた。ピューリタンの倫理とリバイバリズムは日本のキリスト教を終始貫ぬいている二つの流れである。

日本にはキリスト教運動もあるし、キリスト教史もある。しかし教会史はない。教会史は書けない。したがって神学史も書けないという実状である。[17] 教会は信条と信仰告白をもって教会の主張を鮮明にしなければならないのに、明治初期の公会主義をはじめ日本基督教団にいたるまで、信条と信仰告白は二次的なものとして軽視されるか、ごく簡単なものでそれほど重要視しなかった。西洋には信仰告白があり、その結果教会が成立したが、日本では教会と教団を作った後に信仰告白をどのようにするかを悩む。[18] 信仰告白は元来教会が危機的状況に直面した時、それに対する教会の信仰的基準を明白にするものであるが、日本はその危機的な時に信仰告白以外のもので代置しておいて、その危機が過ぎた後に信仰告白を問題にする。[19] その結果信仰告白は教会の生命力と原動力になることが出来ず、単に美しい作文になってしまった。教会自体の寄って立つところが明確でないために、時流に合わせて戦時中には戦争目的に奉仕し、戦後には平和と民主主義を提唱する。教会不在、信仰告白不在の中で神学不在は当然な結果となる。

このような反省に立って日本の教会論および神学形成に努めているのが植村―高倉―熊野のよい意味での「旧日本基督教会」の路線だと言える。彼らが出した教会、神学が弁証法神学の一面を我流で解釈したために、悪い意味で教会主義に陥り、周囲で戦争が起きても日本人、中国人、朝鮮人が数千数万人倒れて犠牲になっても、教会はこの世を超越し、この世とは関係ない神学の孤立化をつくってしまった。バルトの神学は学んだが、バルトの教会闘争は学んでいなかったのである。
教会観が稀薄なアメリカ型の教会体質を持っていながら、神学はドイツで学ぶという、体と頭が別々な日本の教会の性格をそのまま暴露している。元来教会観が弱い日本の教会、その中で神学不在が問題になりながらも、戦争体験を通して日本に形成されてきた教会観、神学が再び崩れるなど、もう一度日本の教会の総点検を通した新しい神学形成が今日要求されている。

（2）日本の代表的な神学の流れ

一八八〇年代後半に紹介された自由主義神学思想

初期日本のキリスト者たちはアメリカ宣教師から比較的素朴で単純な信仰を教えられ、聖書観は絶対無謬説を学んだ。ところが一八八五年、ドイツ普及福音宣教会に属するシュピンナーが東京に来て、当時ドイツの神学界を風靡していたチューービンゲン学派の自由主義神学を紹介した。彼は機関誌「真理」を通して、シュトラウス、ハルナックなどを大胆に論議した。

それまで初期キリスト者たちは儒教観、進化論、無神論、哲学に対しては聖書を根拠に弁証するものだと思っていた。イエスは歴史上の人物であって、聖書は歴史的に信じることができる合理的で科学的なものであるとの主張が弁証の要点であった。ところが、その根拠であった歴史と科学的方法によって聖書高等批判がなされた時、キリスト者たちは足場が崩れたような衝撃を受けた。[20] 初期のキリスト者たちは宣教師の教えしか知らなかったため、聖書の高等批判をする新神学に抵抗できる教会的伝統、神学的素養が欠如していたので、当時のキリスト教会の大きな問題になったのである。知識欲の旺盛な青年たちは科学的、合理的、歴史的聖書批判を、緩急の差はあってもすべて受け入れようとした。

時を同じくして、アメリカで合理主義を象徴するユニテリアンとユニバーサルリストが入って来て、ドイツの聖書批判のような大きな影響はなかったが、自由主義神学に拍車をかけた。特にこれらの神学を敏感に受け入れた熊本バンドおよび同志社系の人たちへの影響は大きく、結局牧師職をやめる人が出るほどだった[21]。同志社系の組合教会の人たちに打撃が強かったのは、彼らが元来自由と独立精神が旺盛で、信仰告白にあまり関心がなく、日本基督教会の人たちより神学的基礎が弱かったためである。

一八八〇年代末から九〇年代にわたって、日本では国家主義が台頭し、キリスト教に対する圧力も強くなり、キリスト教界は内外に大きな難題を抱えて、教会の発展は一時後退しなければならなくなった。このように自由主義神学がキリスト教に混乱と停滞を及ぼした反面、日本のプロテスタントはこの時期を契機に初めて神学というものを知るようになった。それによってアメリカの宣教師の支配から脱出するようになり、楽天的な倫理宗教とは違う真摯な教会形成の道を学んだのである。日本の教会の主流は多かれ少なかれ自由神学の影響を受け、この影響を受けなかったのはごく少数だけである。

日本の教会の大勢が自由神学を受け入れた後、教会の中では三つの神学的態度が生まれた。準正統派、自由主義派、個人的正統派である。

一番目は日本基督教会の植村に代表される立場で、いったん聖書批判を受け入れることによって教会形成の神学を目標とし、カルヴィニズムの良い伝統を日本の教会の中で生かす立場である。日本の教会は全体的な流れからいえばこの説を主張する立場であったが、内村鑑三と一部少数派にも見られる現象である。韓国で内村をはじめとする無教会の人たちの聖書注釈がよく読まれるのは、聖書観が互いに一致するためであろう。しかし、内村、矢内原忠雄、黒崎幸吉にしても、まったく硬い逐語霊感説をとったわけではない。彼らは教会形成はしないで聖書研究に力を注いだが、一番目の立場に最も近かった。日本基督教会だけでなく、組合教会の中にもこの立場に近い牧師がかなりいた。二番目の立場は自由主義神学をまともに受けてキリスト教の日本化（日本的キリスト教）をまじめに考え、一方社会的関心をもって社会主義運動に走った人たちである。組合教会グループにこの系統の人たちが多かったのは、前にも書いたとおりである。三番目は自由主義神学に反発した聖書無謬などの傾向である。

一九〇一〜二年にかけて、いわゆる「植村正久と海老名弾正の神学論争」がキリスト論をめぐって闘われた。この論争はある意味で準正統派の日本基督教会と自由主義神学派の組合教会との論争であり、日本の神学思想史の中ではじめて見る堂々たる神学論争であった[22]。結論的に言うと、日本の教会は自由主義神学から多くのものを学んだ。この流れは一九二〇年代末まで続けられ、三〇年代の危機神学、弁証法神学によって初めて克服されたと言える[23]。付け加えるなら、朝鮮にいたアメリカの宣教師が朝鮮の神学生を日本に留学させるのを非常に恐れた理由も、日本の教会を支配する自由主義神学（聖書批判）のためであった。平壌神学校出身者が宣教師の推薦を受けて留学することが出来た唯一の日本の神学校は、自由主義神学の影響を危険視したアメリカ南長老派系統の神戸神学校だけであった。

一九三〇年代以後の弁証法神学

日本に危機神学とも呼ばれる弁証法神学が受容されたのは、比較的自由であった一九二〇年代の大正デモクラシーの次の時期、すなわちファシズムの台頭、経済恐慌、思想統制による暗く深刻な時代であった。日本の社会を支配していた自由主義と労働運動に続いて登場した共産主義は、一九二〇年代後半の昭和の時代に入ると、その姿を隠した。このような時代転換期に、神学界にも今までの自由主義をのりこえ、危機神学、弁証法神学が導入され、日本の教会に大きな影響をあたえた。高倉徳太郎の『福音的基督教』[24]は、この時代に大きな影響を及ぼした。

この本で高倉はまだ弁証法神学者と呼ばれるバルト、ブルンナーを充分に紹介していなかったが、イギリスのフォーサイスの神学をよく吸収し体得した。フォーサイスは「バルト以前のバルト」と呼ばれた人で、彼の書物は日本の教会に翻訳され、静かな影響を与え続けた。日本での弁証法神学の最初の紹介は一九二四年に福田正俊がブルンナーを紹介したことから始まる。しかし本格的弁証法神学研究は熊野義孝の『弁証法的神学概論』（一九三二）、桑田秀延の『弁証法的神学』（一九三三）によるものである。日本の弁証法神学の把握はまずブルンナーによって基盤が固められ、その上にバルトを理解するのが実情であった。それはバルトの神学が難解であることに比べてブルンナーの文章は読みやすく理解しやすかったためであろう。

とにかく弁証法神学によって日本の教会は「教会の神学」「福音的基督教」を解明するのに力を入れ、暗い時代を聖書と弁証法神学で潜り抜けるのに最善を尽くした以上、何が出来たかと反問する人もいる。[25]弁証法神学とともに、はじめて日本の教会は教会本来の学問を知り、説教と神学がひとつになり、非常時にも唯一の慰めと希望を信徒たちに与えたという評価はだれも否定しない。しかしバルトをはじめとする弁証法神学者が、ナチの悪魔的国家観に挑戦して教会闘争に貫徹した面は紹介されず、日本では実践もされなかったのは事実である。敢えて言うなら、日本的バルト主義は教会内部に閉じ込もり、教会の純粋化に力を入れたため、この世から超越してしまい、闘争の項目を捨てたのである。「バルトの抵抗の立場と日本バルト主義者の無抵抗の立場」[26]と呼ばれるゆえんである。日本のバルト主義は自由主義と社会主義的キリスト教の克服を行ったが、国家体制には沈黙し、結果的には追従の態度をとった。日本の神学の問題性はここにもあると言える。

弁証法神学の影響は戦後も続いたが、実際一九四九年にブルンナーが来日し[27]日本の教会に忠告した時、日本の神学界は比較的冷淡な反応を見せた。ブルンナーが日本の文化と社会を真摯に把握して神学化しようと努力し、また日本無教会の位置を高く評価したためである。[28]日本の弁証法神学の問題性が神学界で真摯に指摘されはじめたのは一九六〇年代に入ってからである。戦後ラインホルト・ニーバー、ティーリッヒ、ブルトマン、ボンヘッファーの影響を受け弁証法神学を継承する一方、文化、社会、政治的に向かって開かれた教会形成への産みの苦しみを経ていたと言える。

無教会主義

内村鑑三の無教会主義が日本の教会と一般知識人に及ぼした影響は大きい。内村は教会の外に立って、いつも日本のキリスト教を監視、批判し、時流の外部に立って日本の国家主義を批判し、日露戦争の意味を否定した。内村は札幌バンドの出身で、彼の独立心と批判精神はだれよりも強かった。「無教会」としての聖書研究集会が姿をあらわしたのは一九〇一年からで、数年後には明確な集団を形成した。

内村によると、無教会の「無」というのは「教会に属していないもの」の教会という意味で、決して教会を無視するとか無くす「無」ではないという。無教会こそ、本当の教会であり、霊的な教会である。教職制度をもって、牧師、信徒を分ける必要がなく、万人が祭司なのである。洗礼と聖餐は否定しないが、救いに不可欠なものではない。ルターの宗教改革は聖書主義、福音主義としては正当だったが、徹底しなかったし、制度化して国家権力と結合し、堕落した。そのために、第二の宗教改革あるいは宗教改革の徹底化が必要で、それこそ無教会主義だと言っている。(29)

以上のような内村の主張と徹底した聖書主義に共鳴し、彼の聖書研究集会の門をたたいた青年は多かった。しかし内村はだれでもが集会に出席するのを許さないで、厳選して許可した。内村の集会に出席できるというのは、ある意味では日本のキリスト教のエリートの特権のようなものだった。厳選された弟子と師内村との間の師弟愛は、ほかに例を見ることが出来ないほど厚かった。

内村亡き後、彼の弟子たち、矢内原忠雄、塚本虎二、藤井武、黒崎幸吉などは、みごとに師の精神を受け継いで、聖書研究による集会と文書伝道に尽力したが、彼らがいかに師の内村を慕っていたかは想像に難くない。「無教会」はこの世の制度を持った「教会」ではないので、聖書研究による集会は主催者が死亡すると、後継者を立てず解散するのを原則とした。解散した後、各々の集会の精神を受け継いで、再び独自の集会を始めるのである。

日本キリスト教史は無教会をどのように評価するのか。無教会は日本の知識人に影響を与え、国家主義が蔓延した時代にもキリスト教としての預言者的使命を果たし、抵抗した集団である。その意味で無教会が日本キリスト教史に残した意味は大きい。元来無教会は日本の教会に対する批判、宣教師支配批判から始まったので、教会は無教会の批判を教会内の批判として受け入れるべきであったが、結局他の事情もあって「無教会」という形態で教会の外の存在にしてしまった。無教会の存在は教会があってこそ存在するので、自己批判の警鐘を鳴らす同志として教会の枠の中に入れなければならない。

総論で述べたように日本のプロテスタント教会自体が無教会的性格を持っており、心情的には無教会が掲げる聖書主義と福音主義に何の異議をとなえるところもないので、「無教会」を持っていることでかえって日本の教会の教会性を確立するのに大きな役割を果たしたと言えるのではないだろうか。韓国にも内村の影響を受けた人として、金教臣、咸錫憲などがいる。韓国で無教会グループに関する研究は今後必要であろう。筆者が咸錫憲と一緒に東京多摩にある内村の墓を訪ねた時、その墓碑には"I for Japan, Japan for the World, The World for Christ, and all for God"（私は日本のため、日本は世界のため、世界はキリストのため、そしてすべては神のため）と刻まれていた。これは内村の実存を表した言葉である。

註

1　神学思想家と神学者を区別した理由は「神学思想家」が「神学」以前のいわゆるキリスト教思想の担い手であったのに対して、「神学者」は少なくとも日本の教会の形成と発展に直接影響を及ぼした者をいう。

2　熊野義孝『日本キリスト教神学思想史』新教出版社、一九六八

3　Charls H. Germany, Protestant Thelogies in Modern Japan — A History of Dominant Thelogical Contents from 1920 to 1960, Tokyo, IISR Press, 1965

4　Carl Michalson, Japanese Contributions to Christian Theology, Westminster Press, 1959

5 特に明治憲法体制は基本的にドイツの模倣である。
6 石原謙『日本キリスト教史論』新教出版社、一九六七
7 石原謙、前掲書に収録されたもので示唆に富んだ論文である。
8 C. H. Germany, 前掲書、以下この本を参照した部分が多い。
9 Carl Michalson, 前掲書
10 Carl Michalson, 前掲書、この本は戦前一五三五〇冊が売れたという。
11 『渡辺善太全集』はキリスト新聞社から刊行されたが、巻末に『渡辺善太―人と神学』一九七二があり、渡辺の神学と人となりを多角的に把握しうる。
12 Keiji Ogawa, Die Aufgabe der Neueren Evangelischen Theologie in Japan, Basel, 1965 Die Theologie von Schmerz Gottes. Carl Michalson, 前掲書
13 C. H. Germany, 前掲書
14 Carl Michalson, 前掲書
15 熊野義孝、前掲書。石原謙　聞き手　松村克巳・中川秀恭『キリスト教と日本　回顧と展望』日本基督教団出版局、一九七六
16 C. H. Germany, 前掲書
17 熊野義孝、前掲書
18 石原謙、前掲書
19 土肥昭夫『日本プロテスタント教会の成立と展開』日本基督教団出版局、一九七五。堀光男『日本の教会と信仰告白』新教出版社、一九七〇
20 山路愛山『基督教評論／日本人民史』岩波文庫、一九六六
21 金森通倫、横井時雄など。
22 基督教学徒兄弟団刊『近代日本とキリスト教　明治篇』一九五六

23 C. H. Germany, 前掲書
24 戦後韓国語に翻訳されたが、絶版
25 熊野義孝、前掲書
26 C. H. Germany, 前掲書
27 国際基督教大学客員教授として一九五三〜五五年の二年間日本に滞在した。彼は日本に宣教師としてきた。
28 Emil Brunner, Das Missverständnis der Kirche, 1951『教会の誤解』酒枝義旗訳、待晨堂、一九五五は日本の無教会に接した後に書いたもので、無教会を高く評価している。
29 「無教会」に関する研究はいろいろとあるが、ここでは土肥昭夫『内村鑑三』日本基督教団出版部、一九六二の中の「無教会主義」参照

訳者あとがき

一九八九年三月二七日、澤正彦が四九歳で天に召されてから一五年が経ちました。あまりにも早く、志半ばで逝ってしまったので、彼が残した遺稿を整理し『未完　朝鮮キリスト教史』(日本基督教団出版局、一九九一)を、また日・韓両国語で書かれた論文を集めて『日本と韓国の間で』(新教出版社、一九九三)を出版しました。いずれの本も澤が日本での出版を意図して書きためていたものです。今度は、彼が韓国語で書いて韓国で出版した『日本キリスト教史』を日本語に訳して日本の皆さまに読んでいただくことになりましたが、これは彼がまったく意図しなかったことではないかと思います。

澤は「韓国を愛し、韓国のキリスト教の歴史を日本の教会に紹介した人」として知られています。それはまぎれもない事実ですが、彼はまた韓国の教会に「日本のキリスト教史」を紹介した人でもあります。澤は戦後初めての日本人宣教師として、一九七三年から七七年まで韓国神学大学で「日本キリスト教史」「アジア・キリスト教史」などを教え、松岩《ソンアム》教会の協力牧師として大学生の指導に当たりました。彼の韓国での生活や仕事は『ソウルからの手紙』(草風館、一九八四)に書かれています。当時の韓国はいわゆる民主化闘争の真直中にあり、彼が教えていた韓国神学大学や同居していた私の家族が闘争の中心になっていたため、彼は一連の闘争をつぶさに見て日本に伝える証人の役割も果たしました。いまから考えると隔世の感があります。

また日本と韓国の関係もいまでは考えられないほど厳しく、「反日デモ」が日常化していた時代でした。その中で、彼はどこまでも「贖罪的求道者」として、日本が過去、韓国・朝鮮に犯した罪を一人で背負って赦しを請うかのように、韓国人を愛し、韓国人と共に生活しました。その後「北朝鮮のキリスト教」を研究するため二年間アメリカに留学して韓国に帰った直後、韓国政府の出国命令で突然日本に帰らざるを得なかったのです。一九七九年一〇月、朴正煕大統領が暗殺される直前の出来事でした。

この本はアメリカに行く前の一九七七年に書いたものを、七九年に大韓基督教書会で出版したものです。当時は日本のキリスト教史を知る唯一の本でしたので、韓国ではかなり広く読まれました。日本の教会について白紙状態の韓国の読者のために書いたものなので、日本人には周知のこともかなり詳しく書かれています。一方、澤は日本キリスト教史の専門家ではなかったため、日本人読者には物足りない部分があるかもしれません。その意味で、この本をそのまま日本語に訳すのに躊躇もありましたが、かえってそれが専門家でない一般の人にわかりやすく日本のキリスト教の歴史を紹介する本になるのではないかと思っています。

とにかくこの本は「澤が韓国で日本の教会を紹介した」ことの証《あかし》として、彼の召天一五年を記念して日本語訳を出すことにしたのですが、出版にはもう一つの理由があります。澤亡き後、一九九五年に大韓基督教書会で出た改訂版には、彼が漢字で記した日本の人名、地名をハングルに直しているのですが、その読み方が見事なほどに、ほとんど誤っています。そのことを指摘して出版社に手紙を出したのですが、いっこうに改まらないので、澤の名誉のためにもこのような形でこの本を出すことにしました。

韓国人に比べて、日本の人は歴史に対して関心が薄いように感じられます。特に過去の戦争で日本が犯したさまざまな過ちや、アジアの人々に与えた苦しみの清算もできていないまま、いまや日韓和解の雰囲気が盛り上がっています。一方北朝鮮との関係は、一般の人の中にも敵愾心を醸しています。このような状況の中で、日本のキリスト教の歴史をアジアの視点でとらえてみるのも、意味のあることだと思います。この本は徹底的に日本の戦争責任を追及する視点で書かれております。いささか時代遅れの感もありますが、日本人には避けては通れない視点ですし、これからの日本の教会の歩みの中でも記憶にとどめるべき大事な事柄だと思います。

もともと韓国で出された本が不十分であり、また著者がいないという点から、この本の翻訳にはずいぶん苦労しました。いろいろな方の助言や助けによって翻訳が実現したことを感謝しております。澤亡き後、私はキリスト者でない日本の友人たちを多く得ることができました。それらの方々にも日本の教会のことを知っていただきたいと思い、できるだけ理解しやすい文章を試みました。同時に澤の文章の味も損なわないように心がけました。この本が多くの教会員、またキリスト教を知らない方々にも読まれることを願っております。

二〇〇四年

金　纓

著　者　澤　正彦　Sawa Masahiko

一九三九年、大分県生まれ。東京大学法学部卒業。東京神学大学大学院に在学中に韓国延世大学連合神学大学院に留学。帰国後、東京神学大学大学院を卒業。一九七〇年より川崎桜本教会で伝道。一九七三年、日本キリスト教団の宣教師として、ソウルの韓国神学大学で教え、松岩教会の協力牧師を務めた。一九七七年、アメリカのプリンストン神学校へ留学。一九七九年、韓国へ戻った直後、出国命令をうけ帰国。日本基督教団小岩教会牧師を経て一九八九年、昇天。著書『ソウルからの手紙』（草風館）、『南北朝鮮キリスト教史論』『未完　朝鮮キリスト教史』（日本基督教団出版局）、訳書に閔庚培『韓国キリスト教史』（日本基督教団出版局）

訳　者　金　纓　Kim Young

一九四八年、韓国・釜山に生まれる。延世大学神学部卒業、東京神学大学 大学院修了。小岩教会副牧師、世界教会協議会（WCC）スタッフ、日本基督教団豊島岡教会牧師を経て、現在フリー。著書『チマ・チョゴリの日本人』『チマ・チョゴリの日本人、その後』『チマ・チョゴリのクリスチャン』（草風館）、『メキシコわが出会い』『弱き時にこそ』（澤正彦と共著・日本基督教団出版局）、『それでも私は旅に出る』（岩波書店）

日本キリスト教史——韓国神学大学講義ノート——

発行日　二〇〇九年五月二五日　三刷
著　者　澤　正彦　Sawa Masahiko
訳　者　金　纓　Kim Young©
発行所　株式会社　草風館
千葉県浦安市入船三—八—一〇一
装丁者　秋元智子
印刷所　創栄図書印刷株式会社

Co., Sofukan　〒279-0012
tel･fax　047-723-1688
e-mail:info@sofukan.co.jp
http://www.sofukan.co.jp
ISBN978-4-88323-142-3

草風館刊

◎浅川巧、そのやさしき性根の内側◎

朝鮮の土となった日本人●浅川巧の生涯●増補新版　高崎宗司著　2500円

「ほんとうに朝鮮を愛し、朝鮮人からも愛された」希有の日本人。朝鮮の民藝のなかにすぐれた民族文化の美を見いだし柳宗悦に影響を与えた浅川巧の思想と生涯を描いた秀逸な伝記

浅川巧　日記と書簡　高崎宗司編　3000円

彼が朝鮮の服を好んで着たり、多くその食物で暮していたことなどはほとんど外側のことにすぎない。彼はもっと朝鮮の心に深く活（い）き浸っていたのである。それ故その民族の苦しみも悦びも、彼の苦しみであり悦びであった。（柳宗悦『工藝』四十号　一九三四年三月）

（数字は本体価格）